迎接歡樂人生
職涯升學規劃
與心靈對談
賀冠群
廖勇誠 著
小林鈺

作者序

從學校畢業到業界工作，業已約三十年，作者們特別利用工作及教學之餘暇，分享彼此人生體驗、甄試、面試、筆試、科系專業抉擇與求職職涯選擇。作者們也曾因求職升學規劃煩憂苦惱，或因求職或工作過程低潮而反省、成長與突破。因此期望能透過本書陪伴悠悠學子與辛苦上班族們，歡喜地渡過升學職涯瓶頸與憂煩徬徨時期，並能夠正面積極且掌握重點方向地迎向歡樂成功的人生。

本書不僅是求職升學規劃書，也是人生哲學分享與心理勵志實用分享書，人生哲學與求職升學規劃息息相關，職涯科系選擇其實與您的態度、個性、人生理念、優缺點與價值觀息息相關。

最後，本書能夠順利完成並實質回饋於讀者朋友，有賴於傑出的甄試書審文件、履歷自傳、推薦函及讀書計畫書等珍貴文件的實際分享交流。誠摯感謝張同學分享他精心製作的大學甄試書審文件。另外，感謝曾同學慷慨分享他精心製作並高分錄取研究所的甄試書審文件。期望讀者們都能夠天天充實、天天歡樂！

目錄

第一章 心靈對談個案：價值觀、目標、翻轉逆境

⊙算算看，您的人生有幾天？

⊙80 歲 x 365 天 =29,200 天

⊙最多不到 3 萬天

⊙若扣除幼兒階段及老年階段=20 年

⊙29,200-(20x365)=21,900 天

⊙再扣除睡覺時間，每天 8 小時，佔了 1/3

⊙21,900 x 2/3= 14,600 天(最多不到 1.5 萬天)

⊙ 人生有好多事情必須面對處理，不是只有學習。

⊙ 你的未來，取決於你現在的規劃與付出。

⊙ 機會只留給有準備的人！

⊙ 生命不是現在，又是何時？

大象的職涯故事

熱心的大象很想融入大家、協助大家、發揮自己的職能；然而，他不會飛、跳不高、跑不快、很笨重、不會爬樹、不會開車、食量又不小，感覺一無是處、四處被人拒絕，真是沮喪啊！

後來他在街上發現房屋失火了！救火隊還在路上、還未準備雲梯及水管，這時候他馬上用他的長鼻子吸水滅火，而且用長鼻子捲住受困的動物們，讓所有動物們連聲感謝並送上新鮮野菓致意！

從此以後，大象就加入了消防隊的行列了！找到適合自己的行業、地方與職位，就能夠利己利人、發揮職能喔！

案例一~十三 個案心靈分享與對談

案例一：陳同學在畢業前一年，由於擔憂自己的未來學業、事業與生涯，而陷入憂煩苦悶的泥沼難以自拔自在。求助於心理勵志書籍與內心省思後，他終於走出並確認好自己的下一步規劃，繼續升學並報考大學商管科系。

由於目標明確，幸運地考上大學後他反而更能專注於學業與未來就業準備。考量到自己的個性、專業與未來優劣勢，他決定報考研究所並鑽研於企管或金融保險領域。然而，他同時考上私立大學金融保險研究所與國立大學國際企業研究所，究竟應該如何抉擇，反而讓他傷透腦筋。

●心靈思考

- 好好思考畢業後的職涯機會與未來吧！究竟您的興趣與專業比較符合哪一個領域？就讀哪一個科系對於您畢業後的就業比較有幫助？能有更好的發展？對於您比較有相對優勢？
- 如果未來中長期職涯要有相對優勢，那麼除了學歷以外，還需要哪些加分項目(例如證照、專業、才能…….)？

- 自己的個性、興趣與其他人格特質，如何才能勝任自己喜歡/適合的工作？

心靈小點心

- 科系專業與工作經驗對您非常重要。即使您是國際知名大學畢業，但並未具備相關專業與工作經驗，您也無法勝任那項工作。對方也不會選擇您。因此選擇科系專業與第一份工作非常重要。不要因為它是國立大學或知名大學，就隨便選一個科系就讀，否則之後又要面臨轉系、插大、繼續升學補習等問題喔！
- 價值觀、人生的順位與目標很重要！
- 好好作好中長期職涯規劃，別只是想到今年喔！
- 不論是否要繼續升學、還是求職或自行創業，最重要的就是要充實自我的專業技能或知識並能與人和樂相處。

案例二：李班代即將畢業，但上課常常遲到與翹課，因為活躍於社團活動等事宜。畢業前期末考他沒參加考試。老師給他機會繳交報告代替考試，他立即正面答覆保證限期繳交。想不到，事後置之不理……

●心靈小點心

- 一個人的誠信，是無價的。被欺騙後，以後別人不會再相信你了！
- 看到學生、朋友與考生們無論是在校時期或已經就業或懷孕期間，都能撥空充實專業並參加考試，真令人讚賞！您也要加油喔！
- 學習態度與工作態度積極負責並保持熱情，是職場成功的關鍵。保持持續成長茁壯的心態，而非只是多一事不如少一事、而非只是推委卸責、而非只是情緒化排斥。
- 溝通是互相聆聽、了解與善解包容的過程。千萬不要只是想要堅持己見、剛愎自用、自以為是以及蠻力粗暴地解決問題。有時候，彼此聊聊天、平心靜氣地交換彼此意見，反而能夠解決問題喔！
- 國中補習的時候，有位資優生因為當天心情不佳，被老師指責上課不認真後，竟然當場摔桌椅；老師便請他離開。他離開後十分後悔，就在補習班外等候老師下班，並跟老師鞠躬道歉。如果他不要那麼情緒化或是當天先處理好自己的情緒才來上課，就不會變成這樣了！情緒低落就應該好好調適好自己的身心。

- 高中的時候，甲同學常常欺負另一位乙同學，因而與丙同學發生言語衝突與打架事件。就在丙正要抬起桌椅朝向甲同學摔下時，還好他停手、放下了，否則勢必造成傷亡而惹上刑事民事訴訟與賠償。
- 有位朋友人長得帥、文采又好、個性幽默口才又好，十分受歡迎！但是畢業後，他因為把持不住誘惑而吸毒並常涉足聲色場所；後來因為結交歹徒而被警察逮捕，最後下場竟然是三十多歲就身敗名裂而且酒駕身故，真是不勝唏嘘！
- 曾認識一位名校畢業生，成績與反應都很不錯，來到部門工作。由於前晚與父母吵架，隔天他就不想來上班，打電話詢問時，他說他想要離職，不想來了！之後，一個禮拜後、他後悔了，他說他想回來了。主管們回應說，很抱歉，公司已發出離職通報了，無法更改。事後公司釋出職缺時，他再來應徵、公司直接將他的應徵資料剔除。
- 避免在非常高興或情緒低落、氣憤時說出任何惡語或做出任何不理智的決定。寧願三思而後行，也不要因為一時衝動而造成事後難以收拾的結果。
- 有位朋友推手功夫超絕高深，只要工作分派到他手上，他總有說詞可以推由別的單位負責，實在厲害！而且，他又常常無故不來開會、甚至推說他無法做決定、請找他的主管裁決。遇到事情時，他就推、推、推，把過錯與工作推到別人，這種推諉卸責的行為也衝擊著他的績效表現！

- 不要讓憂愁或衰老之氣左右您我！
- 憂愁傷心是會互相傳染的，衰老也會影響您我的。所以，您我必須加強自己的喜樂情緒、健康情緒、正面情緒、正知正見與正向能量，千萬不要讓憂愁傷心與衰老影響您、左右您啊！
- 沒有目標的人生，您的人生就好比是汪洋中的獨木舟般，在濃霧中迷路般，在旅途中總是搭錯車般；永遠不知道自己身在何處、心在何處、航向何方、何時到達目標、何時結束迷途、何時脫離苦難煩惱、何時才能自我實現！
- 別總是低頭忙碌；忙碌工作之餘，記得忙裡偷閒以及享受心中的恬靜！
- 知止而後有定，定而後能靜，靜而後能安，安而後能慮，慮而後能得。(摘錄至「大學」)

●心靈分享—消除緊張/學習與緊張共存

1. 緊張是正常自然的現象：就是因為在意與認真用心，所以才會緊張，這是正常自然的現象喔。
2. 加強自我信心：我已無退路、我現在要發揮我的所學/專業，與聽眾分享，沒有其他人能夠代替我，盡力就是成功，成功的核心關鍵在於過程，忘掉緊張，當下認真付出！
3. 同學同事間互相鼓勵激勵。
4. 事先多練習、事前多準備，就不用擔心緊張了。
5. 放慢速度，放慢動作、慢慢講話。
6. 保持放鬆、甩甩手、抖抖肩、深呼吸。
7. 坦承確實略有緊張，沒關係。
8. 提早讓自己緊張、再放鬆，就比較不會緊張了。

案例三：工作上小喬總是斤斤計較，不僅計較自己職位低、薪水低、工作多，也計較其他人的工作與報酬，工作不快樂、情緒也不穩定，甚至經常跟同事朋友吵架，而且這三年她已經換了五個工作了。

●心靈思考

忙碌的現代人常常每天依賴咖啡提神。每天忙啊忙的，會議一場又一場、電話一通又一通、事情一件又一件、應酬一場又一場，疲勞累積再累積、煩躁持續又持續，真不知如何是好？該停頓下來，思考一下人生轉折了，或是來個心靈大掃除。

●心靈小點心

- 無論男女，切記努力挑選你的第一份工作並累積專業與實務，切勿短期貿然離職或做出情緒化的決定。
- 認真負責的工作態度、不斤斤計較的工作與服務理念，是成功者必備的。
- 學會往好處想！多做多得、多做多學、多做才有機會表現。
- 工作、課業、家庭、進修與運動、休閒，需要作出時間的最適配置。
- 辛苦的工作，也要懂得適度的休息及維繫人際關係，別把身體累壞了，別把自己孤立了。

- 別總是低頭忙碌。忙碌工作之餘，記得忙裡偷閒、偶而抬頭看看窗外門外的景致、辦公桌的布置以及享受心中的恬靜！
- 忙碌的現代人，心靈煩惱與焦躁不安反而更為嚴重；透過修行、轉念、體悟、放下我執、走出戶外、感恩、關懷與行善，就能昇華為健康的身心靈與迎接歡樂的人生。
- 人生如戲、戲如人生，何必計較太多、何必自尋煩惱！

案例四：小賀工作認真負責，總是勇往直前，但工作與進修考試過於忙碌，讓他疲倦不堪，最近還因為投資股票而虧損累累。有哪些金玉良言或人生經驗要建議他呢？

心靈小點心

- 學會說不！學會取捨！不可能什麼都要！
- 學會放下、適可而止、否則將不可收拾！
- 勇往直前是好事，但是千萬別奮不顧身，讓身體殘缺了、心靈殘缺了、一無所有了。有時候也要考慮風險並預留退路，畢竟人生無法事事順心、每戰皆捷！
- 價值觀、人生的順位與目標很重要！考試分數沒那麼重要喔！
- 與其懷憂喪志、緬懷過去，不如把握當下，面對問題，發揮行動力地處理與解決問題。
- 人生不能全部都要，要得太多反而愈不開心、煩惱心愈重、人生愈痛苦、人生也更加盲目。不要因為盲目地四處追求、卻忘了自己的心、卻忘了什麼才是自己真正需要的。
- 等您晉升後，您就能夠加薪、住新房、買新車、美女帥哥為伴。慢慢等吧，您以為帥哥美女為伴是幸福的，累死了、忙死了、年老體衰了！

●心靈分享

- 父母雖然都只是國小畢業，但是他們的教育理念非常受用而且影響我一輩子。他們總是說，希望你能夠利益眾生、服務人群，這就是成功與成就。你要學會一技之長，可以養活自己並且你可以利益大眾及服務人群，這樣就是成功勝利。你如果會讀書，那就繼續讀書。不會讀書，學得一技之長，也蠻好的。適才適性發展，不必勉強，一定可以走出自己的路。所以，學習並精進您的技術與技能，也是成功之道。
- **成功之道不是只有念書與升學喔！**
- 有位朋友凡事總是勇往直前，這種態度雖然不錯，但不能用在所有事情！因為他投資股票時總是勇往直前，卯足全部財富與心力，結果辭了工作、賠了房子、血本無歸，並因負債累累而與家人離異躲債，處在憂愁低潮下度過下半輩子，實在不要貪心啊！
- 老朋友聚會前，大家算算，啊！畢業三十~四十年了！真是時光飛逝！過去的，追不回來了，只能坦然讓它過去吧！未來的，充滿變數，實在難以掌握。只能把握現在，一步一腳印地向前跨出下一步！
- 當兵時，覺得當兵好無聊、好累、壓力緊繃又難受，但是看到某一批官校正期生們在打野外戰鬥時，認真塗抹迷彩膏、插鋪草葉以及認真嬉戲與野外戰鬥操演，就忽然覺得可以把這個場景當成免費參加野戰遊戲啊！又有薪水拿、又可以比賽，又有好的場地，何必在乎成敗得失。只需轉念、轉境與喜樂自在，就可以好好享受這些單純的快樂！

- 最近組裝兩個 DIY 書櫃，每個書櫃各有 25 片木板及木片需要組裝，真是複雜。不知如何下手。結果第一個書櫃花了 2 個半小時才組裝好。第二個呢？半小時就組裝好了。為何第二個書櫃可以那麼迅速就組裝好呢？成功原因摘要列舉如下：
  - 事先依照組裝說明圖表，將各個木板/木片的位置及順序排列出來。---先有計劃、先有雛形了、就不會作白工了。
  - 記取錯誤失敗經驗，避免重蹈覆轍；然後依序進行組裝，自然正確而且速度變快了。
  - **職涯升學規劃也是這般，方向、優先順序及目標確定後，接下來就更加得心應手了。**

案例五：小秀那年 22 歲，透過介紹而結識了男友，也是後來的丈夫。為了家庭，婚後她辭掉了穩定的工作，與丈夫及公婆同住。由於丈夫工作收入不穩定又要求她不能外出上班而且必須虛心全力孝養公婆與照顧子女，使得她長久陷入了憂鬱與躁鬱。

案例六：小蔡認識半年後就與他太太結婚，他的太太過慣了富裕奢華的生活、不喜歡工作、也不喜歡做家事，只喜歡享受有錢人的富裕生活。半年後，夫婦兩人就離婚了，真是兒戲婚姻！

心靈小點心

- 婚姻會影響您的情緒、您的健康、您的時間、您的生活、您的作息、您的居住地點、您的金錢消費、工作與升學。
- 另一半影響您一輩子，不可兒戲。
- 婚前慎選另一半，挑選另一半、比考試成績或考績晉升還重要一萬倍。
- 男女感情是需要兩情相悅、長久扶持且水到渠成的，沒辦法強求的或速成的。強摘的果實不甜、勉強的感情不會幸福。建議父母長輩們可以適時點撥、指點迷津或叮嚀。另外，男女間的親熱行為，也應該建立在兩情相悅、長久扶持而且自然而然的情境下。

- 男女交往宜考量未來與後果，
  萬一有孩子怎麼辦？
  我們還在讀書怎麼辦？
  我們年紀還輕怎麼照顧小孩？
  萬一工作相隔兩地而分手，怎麼辦？
  萬一因為暴力、騷擾或霸凌，
  而造成他/她的自殺、自殘、精神疾病或學業、身體傷害，
  是不是也是造業或罪業？
- 人生往往需要轉念、轉境，才能喜樂自在！
- 上帝造人時，其實巧妙地將人區分為男女，也給予男女不同的器官、身體構造與個性心理，而且讓異性相互吸引互相愛憐，而進一步步上紅毯、結婚生子、傳宗接代，相互扶持共同生活一輩子！如果只是在年輕美麗英俊時，才喜愛彼此，這段婚姻是無法長久的！

心靈分享

- 生命真奇妙，她跟她老公相愛後，就懷孕了，而且懷孕期間常常感覺到胎動，並且生出來的孩子還很像他們夫妻，真是奇妙！
- 其實人的身體，包含臉部、胸部、腹部、腿部，都是逐漸老化的，慢慢地變成雞皮鶴髮。而且年輕時，無論是月事不適或筋骨痠痛，都讓人難受。人體，其實都是許多血肉器官肢體組合而成的身體罷了。
- 有位醫師說到，其實男人女人都是人，也需要上廁所、吃飯，身體也會不時流出或排出廢氣、廢物、鼻屎、眼耳屎、臭汗、尿液、糞便或其他不潔之物。何必用異樣眼光看待異性，也不需要對異性身體存有不當聯想。
- 有位家庭主婦，四~五十年來，內心懷恨著婚後家人對她的言語霸凌與不友善，因而造成失眠、憂慮、腸胃不適與精神疾病。她當初沒有選擇離婚，之後她的先生與家人對她蠻好的、而且家境也逐漸改善。但她仍然放不下過去的委屈。其實她應該忘懷，不要再讓那十年間的委屈延續到現在，她應該想到，她後來的三十年蠻幸福的啊。
- 別只想到不好的，而且心中填滿了忌妒、憎恨與不滿等負面情緒，這樣您的人生會很苦啊！

- 她遇到一位長的帥氣的男生，隨即步入愛河。婚後，她才發現、丈夫是個自私、小氣、粗暴以及經常言語霸凌的粗人。她為了孩子而沒有選擇離婚，過著痛苦的日子，她開始變得情緒化、失眠、苦惱與憂慮。她每年靠著與親友出國旅遊降壓放鬆，後來又不幸因為車禍意外身故，人生真是苦難啊！所以應該活在當下，當下就去迎接屬於您的歡樂人生吧！
- 曾經三天不洗澡，第三天有水可以洗澡時，深深覺得洗澡真是人生中非常快樂開心的事情。尤其 921 地震後沒有水，更體驗到可以洗澡，真是令人開心。

案例七：老張年輕時是傑出創業青年，但是中年富有後，卻涉足兩岸情色場所、結交新歡、置家人於不顧，最後染上性病、喝酒喝到肝病惡化、事業也走上絕路，實在令人唏噓！他小孩小張也吸毒、交到壞朋友，常跑夜店、色情場所與賭場，沉迷於酒色之中。

心靈小點心

- 守成不易，保有初發心很重要，不要讓社會的不良風氣喧擾您我，而難以自拔！
- 檢討過錯、放下過錯後，往往就能更上一層樓！持續的沉迷於過錯中而無法自拔，必將造成難以彌補的傷害，朋友也逐漸離您遠去。
- 學會說不！學會取捨！不可能什麼都要！
- 己所不欲、勿施於人！為何要強迫他人、侵犯她/他人？
- 言教重於身教！
- 有所為、有所不為。
- 不要等到失去後，才知道珍惜。

心靈分享

- 檳榔真難吃，但愛吃檳榔，成天像吐血的人很多。酒真難喝、又很嗆辣，但愛喝酒的人真多，喝到創造台灣奇蹟，喝到得了肝病還是愛喝。太鹹太辣太多調味料對健康有害，但愛吃太鹹太辣太多調味料的人，大有人在。成天日夜顛倒、燈紅酒綠、涉足不良場所或情色場所，大有人在。其實也明知身體必定搞壞、明知可能身敗名裂、明知錢難賺。這都因為沒有心懷正念正見與正思維所致，所以智慧、心態與價值觀很重要。
- 謹言慎行蠻重要的，多年好友，常常禁不起一句刺痛人心的閒言閒語。親戚家人，常常禁不起一句猜疑忌妒與憤怒的惡言。多年同學，通常禁不起一句不留情不客氣的拒絕與否定。

案例八：

等您考試考 100 分，我就給您小禮物。
等您考上好學校，您以後就會有好日子了。
等您最後衝刺，您就會有好工作。

等您應徵上百大企業，您就會有好生活，
等您考上高普考，您就會輕鬆又有保障的生活，
等您晉升後，您就能夠加薪、住新房、買新車、美女帥哥為伴，..........

生命總在許多等待中渡過，
卻忘了欣賞與體驗成長過程中的點點滴滴，
也忘了自己內心的願望與理想了。

●心靈小點心

- 與其懷憂喪志、緬懷過去，不如把握當下，發揮行動力地面對問題、處理問題與解決問題。
- 價值觀、人生的順位與目標很重要！
- 懂得感恩、懂得付出。
- 活在當下，想做就去做，別只想等老了、退休了、病危了、坐輪椅了，才想去做！
- 無論男女，切記努力挑選你的第一份工作並累積專業與實務，切勿短期貿然離職或情緒化決定。
- 你的時間花在哪裡，你的成就就在哪裡。
- 真情是無法用金錢取代的。
- 您的人生無法滿手好牌，也無法總是好運。能做的就是設法將手上的牌打到盡善盡美！別指望您手上都是柳丁、鐵支或一條龍的絕佳好牌。
- 我們不只重視您的學歷，我們更重視別的：品格、個性、態度、價值觀、合群、解決問題能力與實務經驗。
- 戶頭的錢變多了，但親子關係變本加厲，人生還是失敗的！

心靈分享

- 沒有財力就培養能力吧；
  沒有能力就培養技能吧；
  沒有技能就培養口才吧；
  沒有口才就培養 ~ 正面思考的心及積極進取的毅力吧！
- 某些方案回歸現實面，雖然無法完成，至少我們曾以行動努力搜尋、分析、推論、證實過，證明我們不會輕易放棄，且至少我們還有其他方案可行。
- 有些人每天活得生不如死，有些人卻每天都喜孜孜的。
  原因無他，就在於會規劃與不會規劃，規劃什麼呢？
  規劃時間、金錢、健康與專業能力以外，
  最重要的是還要規劃心理層次的提升。

案例九：小花總是滑著手機，玩著 FB 和 LINE，每天生活無時無刻都離不開平板電腦和手機。小花很少回家，每次回家就是跟爸媽說要繳學費了、需要生活費了，要爸媽趕快準備，不然她就催來催去了！然後她就回房間看著電視，不太理會爸媽，也從不懂得關心爸媽的健康與生活。

●心靈小點心

- 不要沉迷於網路虛幻的世界，應面對真實的人事物。
- 如何走出晦暗的人生、因應人生的哀傷與低潮？確實你需要鼓勵與支持，也需要心靈的慰藉與朋友，你可以加入宗教團體及擁有宗教信仰。你可以發揮自己的能力幫助他人、付出奉獻心力、你可以多交益友、你可以多找老師長輩聊聊天、你可以透過運動聽音樂看書，來減輕自己的壓力與哀傷。
- 別只在乎是否達到目標而忘了欣賞人生旅程沿途的美麗風光與美好的人事物。
- 人生有時候要捨才能得！
- 人生就是要快樂、活在當下、當下自在，你我應該勇於面對挫折、勇於克服壓力與困擾，才能迎向歡樂的人生！

- 永遠記得您是獨一無二的，沒有人可以取代你，很多人關愛您的，你可以幫助人的，你可以發揮自己的才能。逃避不能解決問題喔！一定要勇敢走出屬於自己的路。
- 朋友以前自殺，救活後活得很好。現在一直說還好他被救活，還好她/他沒有遺棄他的家人，還好她/他勇於面對困難，接受挑戰。

心靈分享

- 擔心退休金領不到？

  有老朋友問我，退休金縮水怎麼辦，領得到嗎？我告訴他，別擔心，只要您健康平安，活得夠久，就能夠領得更多；他笑了笑說，沒錯。健康才能領錢，不健康就領不到了！
- 1 億的 1 不見了，只剩 00000000。永遠記得，身體健康就是那個"1"，所以身體健康最重要喔！

認真地、用心地與感恩地對待你周遭的每一個人，

你的家人、

你的父母親、

你的兄弟姊妹、

你的同事、

你的朋友、

與你有緣的人、

令你內心昇起憐憫心的人、

歡喜地對待你的寵物、動物...

相處、相知、相惜、相會都需要緣份，

真誠善意的對待他們。

能為他們做些好事情，

就是所謂有用的人了，

也就是你價值的發揮了。

貼心小分享：辦公室簡易運動~~

記得每天運動健身，讓心靈沉靜下來~~~~

1. 自然腹式呼吸(呼吸時，腹部會收縮)。
2. 舌頂上顎、全身放鬆。
3. 站著時兩手自然下垂、兩腳張開與肩同寬、兩手掌張開不握拳。
4. 坐著時，需要坐正、不駝背、兩腳與肩同寬，兩手同樣自然下垂、兩手掌張開不握拳。
5. **慢慢吸氣，吸氣時吸飽肚子，兩手順勢後擺，掌心朝前。(重心可稍微前移)**
6. **慢慢吐氣，吐氣時肚子縮緊，兩手順勢前擺，掌心朝後。(重心可稍微後移)**
7. **反覆 10 次。**

案例十：小美與阿芬工作上常需要互動與核對，每當工作有錯誤與內容核對不一致時或有錯誤時，兩人常常大吵大鬧，實在令人困擾。

心靈小點心

- EQ 情緒管理很重要。相對上，學歷沒那麼重要。
- 不要太情緒化、不要只想蠻力解決問題、不要讓您的人生脫序太多、別太過衝動，完全不計後果。
- 別只在乎是否達到目標、而忘了欣賞人生旅程沿途的美麗風光與美好的人事物。
- 自己要有主見、不要隨著他人隨時起舞。同事同學尊重他時，你也尊重他；同事同學討厭他，你也就轉為討厭他；學她擺臭臉給主管或同事同學看。何必要這樣呢？不要道聽塗說，而是要多觀察，多了解。每個人都有優點與缺點喔！
- 溝通是互相聆聽、了解與善解包容的過程。千萬不要只是想要堅持己見、剛愎自用、自以為是以及蠻力粗暴地解決問題，有時候，彼此聊聊天、平心靜氣地交換彼此意見，反而能夠解決問題喔！
- 憂愁傷心是會互相傳染的，衰老也會影響您我的。所以，您我必須加強自己的喜樂情緒、健康情緒、正面情緒、正知正見與正向能量，千萬不要讓憂愁傷心與衰老影響您、左右您啊！

- 沒有目標的人生就好比是汪洋中的獨木舟般，在濃霧中迷路般、在旅途中搭錯車般；永遠不知道自己身在何處、心在何處、航向何方、何時到達目標、何時結束迷途、何時脫離苦難與煩惱、何時才能自我實現！
- 好朋友自殺，想一了百了，結果他/她走後，父母親人難過了幾十年，仍然無法釋懷、充滿不捨與思念，甚至責備他/她的不孝、愚痴、自私和懦弱！

- 人生無論多困苦，一定可以找到活路，車子開不過去，就下車走過去。走不過去，就爬過去。爬不過去，就返回原點。

案例十一 ：

看完了『小孩不笨』這部電影後，

覺得現代有很多人總是埋首於工作而忽略了對小孩的關心與教育，大人有時誤以為賺錢就能給他/她想要的一切及最好。

有一天如果您的小孩問你，

你 1 小時可以賺多少錢，

可以跟你買 1 小時的時間嗎？那您是失敗的。

小學生為了擁有爸爸的 10 分鐘，

去偷便利商店的錢，

這反而與父母賺錢的初衷是背道而馳的。

心靈小點心

- 子女教育很重要，需要多耗費一些時間與耐心。
- 言教重於身教。
- 工作、課業、家庭、進修、運動與休閒，需要作出時間的最適配置。
- 別總是想著工作，忙碌於工作。家庭與子女教育也需要費心的花費時間投入。

- 忙碌的現代人，心靈煩惱與焦躁不安更為嚴重；透過修行、轉念、體悟、放下我執、走出戶外、感恩、關懷與行善，就能昇華為健康的身心靈與迎接歡樂的人生。

心靈分享

- 您我這輩子，可以健康又快樂的活幾天呢？我算了算，最多可能只有 1.5 萬天。如果還不好好珍惜每一天、快樂地度過每一分鐘，那麼請問您要等到何時才要珍惜、才要快樂呢？
- 別忘了您現在幾歲了？過去已經過去了，所以您其實並沒有 1.5 萬天喔！應該再扣除您現在的年齡。
- 我的天啊，仔細想起來還真短暫！

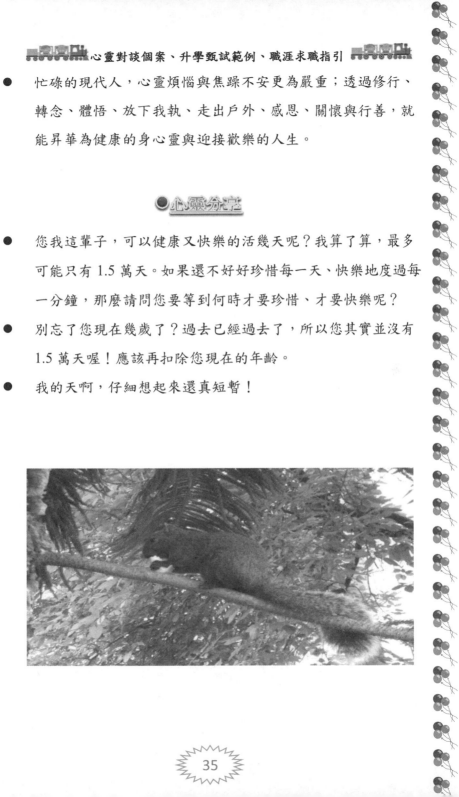

案例十二：

老王非常有群眾魅力、演講能力與業務能力都好，但是卻有一個致命缺點：好色好酒。他後來得了慢性腎衰竭(尿毒症)，需要洗腎。因此他耗費許多財力換腎。雖手術後成功多活了半年，但最後還是英年早逝，令人驚嘆！

●心靈分享

- 別只費盡心力的工作賺錢而榨乾自己的體力！
- 除了賺錢也需要健康，否則賺錢又有什麼意義呢？
- 朋友在醫院就醫時，剛開完手術，前三天插著鼻管、胃管與尿管，他旁邊病床是一位年約 50 歲的鼻咽癌病患，也插著鼻胃尿管。他跟他太太說了一句話，讓我一直忘不了。

  他說，我真希望能夠品嚐一下食物的味道，我現在都只能管灌飲食，完全嚐不到酸甜苦辣鹹淡的任何滋味，真是遺憾！真可憐啊！再多的錢也買不到健康！再多的錢也買不到食物的滋味！

案例十三 ：

- 方先生因為太太重病非常不捨不甘而破口大罵！但就在方先生禱告後，隔天奇蹟出現了。方太太立刻恢復清醒且視力恢復；多年不見的老朋友也剛好當天心有靈犀的來醫院探望與關懷他們夫婦。
- 方先生說：「還好我有好好照顧家人、好好教育子女、婚姻關係良好、沒有貪取不義之財、沒有犯法坐牢，還好我有付出我的才智心力，對社會貢獻良多。」

心靈小點心

- 勇敢地面對年老、病苦與死亡！人終究會死，死前驀然回首，是否有虛此生？
- 不要只看到人生的磨難，人生本來需要承受生老病死苦，傷殘失業苦，心苦、氣苦、煩惱更苦。
- 別只費盡心力的工作賺錢而榨乾自己的體力與健康！
- 除了賺錢也需要健康，否則賺錢又有什麼意義呢？
- 學會往好處想。
- 活在當下，想做就去做，別只想等老了、退休了、病危了、坐輪椅了，才想去做！

- 送了幾個親友長輩離開人世後，覺得人生實在無常，最終您我終會步上死亡，財富名利權位什麼都帶不走！人生確實不必計較太多；而是應該活在當下，每天每刻都應該用心認真地生活。
- 無論佛教、道教、天主教、基督教與許多宗教，都認為人有來生、也有過去生。但是過去生的您所遭遇的人事物與這一生是否相同？肯定不同。來生的您，所遭遇的人事物與這一生是否相同？肯定不同！既然如此，還是好好珍惜這一生的時光，好好地學會如何與周遭的人事物一起和樂共生吧！
- 別太自私，別只想著自己或只想自殺，而讓愛你/妳的親人受苦難過一輩子！
- 自殺的人是最沒用的、最懦弱的、是罪過的、是最不懂得感恩的人。試著讓自己的心靈沉澱下來，將負面情緒釋放，一定可以找到活路的！

心靈分享

- 921 大地震時，我前往賑災，發現在南投的救災指揮中心旁有許多居民感恩地向我領取盥洗用品，我突然體悟到為善最樂！即使是簡單的生活用品，在那當下卻是非常珍貴！

心靈分享—談投資

- 阿嬌每天看盤玩股票，股票漲有賺也不賣，因為想賺更多才賣，於是沒幾天就跌下來了，始終未到達那個價位。若好不容易賣到那個價位，那筆錢過沒幾天馬上早已買別檔股票了，手癢嘛！真不知是把台股當成賭場，還是賭性堅強。

  阿嬌雖然賠了幾回，不過也賺了幾回，於是開始玩融資融券。每天花很多時間鑽研財經新聞，但每隔一陣子就是斷頭追繳，四處籌錢。轉眼數十年過了，雖像股市裡的螞蟻雄兵，真實講起來天天上號子像上班似的，但在股市裡卻根本沒有賺到錢。好歹年輕時原是個校園美女，她經過數十年的嘔心絞腦，談話都不離股市，做任何事情也變得力不從心。常緊張兮兮的，有時吃不好也睡不好，個性隨股市的漲跌而陰晴不定，現在更因為滄桑滿面而顯得老態龍鍾了。

- 素芬沒讀甚麼書，連注音符號都搞不太清楚，更別說投資股票了。素芬因為股票看不懂也聽不懂，再加上個性保守，而且相信有土斯有財，所以畢生所賺的錢都拿去買房子，小房子換大房子。四處看房子，慢慢看，剛開始由於自信心不夠就多與親朋好友討論，貨比三家，精挑細選。她不懂財務槓桿以小搏大的原理，都保守的算好自備款及每月要繳多少錢。轉眼也數十年過去了，素芬現在雖然沒工作了，每個月都還有固定的租金收入。現在素芬常去廟裡參加活動，有時和家人四處遊山玩水，雖不至於玩豪華團，全家臉上總是擁有掩不住的笑容和幸福。

- 小禎聰明活潑，一家家教班經營的可圈可點，學生數約 30 人，每月收入超過十萬元，但是卻因為想要更高的投資獲利，而借錢投資股票融資融券及選擇權套利，結果虧損累累。於是數十位債主前來討債，小禎只能關閉家教班並以離婚收場！後來她帶著女兒隱居在外，租他人的小套房躲債度日，真是可憐！因此理財規劃很重要，千萬不要因為理財失當而造成原先獲利與本金連帶倒閉喔！

●創業個案分享

最近看到日本的電視節目介紹某個創業改造個案，實在令人感動不已而流下眼淚！除了配合日本電視節目的感動人心與認真製作外，也令人對於該成功突破逆境再創佳績的個案過目不忘。

有二十多年廚房年資的男老闆，總是安於現狀，懶得改變現狀，受限於自己的慵懶習慣，造成了廚房骯髒雜亂，用餐環境及餐館門面破舊汙損；而且料理過程隨便、廚藝又無法更上層樓，造成餐廳不堪虧損又陷於是否關門的十字路口，家中又有太太及三個小孩，餐廳關門後，生活該如何度過？

透過管理顧問師及料理達人協助後，他們找出短期需要進一步企業改造的項目，並針對這些項目擬訂計畫後，終於順利讓自己的餐廳躋升為一流拉麵的餐館，業績突飛猛進。流程改造的項目摘要如下：

■ 招牌廣告及用餐環境提升：透過銀行借款，辦理裝潢及廣告招牌更換修繕，以吸引更多客人前來用餐。另外在重新開幕前透過傳單宣傳，也吸引更多客戶前來體驗與用餐。

- 衛生加強及大掃除：多次洗刷打掃，讓廚房與室內各處煥然一新、油汙不見了、破舊不見了，陳年老舊設備也都維修更換了。
- 食材及生產作業流程改變：食物擺放位置調整、上菜及洗碗區動線調整、料理方式調整、湯頭醬汁製作流程調整、食材選購改變與烹者技巧再學習與再突破等。
- 服務品質提升及用心態度的內化：下定決心走向改革、從內而外、求新求好，終於成功轉化絆腳石為墊腳石。

心靈分享—求職升學規劃與人生大事

- **好好提升自己的身心靈，並強化自身的 KASH。**
- **無論男女切記，慎選另一半；多留意個性、脾氣、態度、胸襟、溝通、健康、習慣等各方面，不要只考慮外貌或短期相處的感覺。**
- **切記努力挑選你的第一份工作並累積專業與實務，切勿短期貿然離職或做出情緒化的決定。**
- **健康很重要，工作、課業、家庭、進修與運動、休閒，需要最適配置。**
- **認真負責的工作態度、不斤斤計較的工作與服務理念，是成功者必備的。**

第二章 職涯升學規劃 DIY 實務

第一節 職涯升學規劃須知

自己的求職升學規劃自己動手做，可以參考父母、長輩、親友、師長與同學同事們的意見，但最後還需回歸自己，先從了解自己、評估自己、規劃未來與執行計畫著手。

例如：您覺得自己不適合擔任櫃台結帳人員或行政庶務人員，因為粗心大意、動作遲緩、容易緊張慌亂。那沒關係，你就進一步思考自己適合做什麼？想了一年，你決定繼續升學，而且未來你要朝向資訊管理、商管領域發展或自行創業。你預計準備國文、英文、專業科目等考試科目，並每天到圖書館讀書與整理筆記；過程中並將報考相關的證照考試；這就是升學規劃與執行的實例。

關於求職升學規劃的通病或常見問題，列舉如下：

1. 求職升學規劃只在乎他人意見或外在環境，並未從瞭解分析自己出發。
2. 求職升學規劃內容不夠具體或缺乏行動計畫方案。例如：提到將會參加證照考試，但參加哪一項證照？何時參加？適合自己嗎？成功率高嗎？對於其他事項是否將產生時間或資源上的排擠或衝突？
3. 求職升學規劃目標過於遠大，未能排列出優先順序並列出短期、中期與長期目標。

4. 許多人的職涯/升學規劃結果都是加強語文、充實專業與取得證照，但其實需要結合自己的優劣勢、機會威脅。因為並非每個人都應急迫地通過很多證照或加強語文能力。就廚師為例，他需要的核心技能是烹煮技能。
5. 求職升學規劃並非強迫您跳槽或更換工作，而是試著定下目標與順序，以減少多走了許多冤枉路。更重要的，每個階段的學習或歷練，彼此間能夠互相提升或相互整合，不僅能夠專業經歷更上層樓，更能節省時間並發揮綜效。
6. 許多人認為求職升學規劃適合於大學生或國中高中生，其實不止喔！許多人生階段都需要求職升學進修規劃。另外，國外的生涯規劃其實從國小就開始展開了。其次，上班族也需要在職進修、學習技能或其他專長或學習新知。最後，退休族群雖不需求職，但也需要多加學習新知並規劃生活。

●分享個案

● 持續向前進步的續航力！

小婷自小就是個成績名列前茅的優秀學生，從小就口齒伶俐，相較於其他同學便因而明顯的有優越感，尤其成績都高於同學。然而，專科畢業後，她就提早投入職場，工作近二十年後發現，自己才只是專科畢業。當初成績明顯遜色很多的同學們，反而持續學習深造，都已經是碩士，而且擔任部門經理或協理。驀然回首，忽然覺得自己怎麼都沒有進步？

●心靈分享—談職涯升學規劃

- 沒有目標的人生就好比是汪洋中的獨木舟般、在濃霧中迷路般、在旅途中總是搭錯車般；永遠不知道自己身在何處、心在何處、航向何方、何時到達目標、何時結束迷途、何時脫離苦難煩惱、何時才能自我實現！
- 求職升學規劃的過程，一定要費心費力思考評估，不能完全依賴父母與同儕意見，更不要人云亦云，毫無主見。別忘了！這是您個人專屬的求職升學規劃，而不是父母、同學、老師或別人喔！
- 求職升學規劃的過程，就好比人生旅程，有起點、有目的地，您可以搭乘高鐵直達目的地，也可以中途下車旅遊，下次再向最後目的地邁進。

第二節 職涯升學規劃的步驟

一、自我探索與評估分析

- 善用 SWOT 分析法，分析自身的內在優勢與劣勢、外在的機會與威脅。(S：優勢 <u>S</u>trength~~自己的優點，W：劣勢 <u>W</u>eakness~~自己的缺點，O：機會 <u>O</u>pportunity~~外在的機會，T：威脅 <u>T</u>hreat~~外在的威脅)
- 分析過去、了解自己的人格特質、價值觀、專業、興趣、健康、學經歷、期望待遇、...等。
- 了解產業現況、趨勢、需求與工作機會與資格要求。

二、擬訂人生目標與排列優先順序

- 擬訂人生目標：涵蓋就業目標、專業提升目標、考試目標、休閒、信仰與健康升級、家庭照顧、結婚生子、個人理財目標等。
- 排列出優先順序及長中短期方向與目標。

三、擬訂求職升學規劃與行動計畫

- 就業目標與行動計畫
- 專業提升目標與行動計畫
- 考試或技能學習目標與行動計畫
- 休閒信仰與運動健身目標與行動計畫
- 家庭照顧目標與行動計畫
- 結婚生子目標與行動計畫

- 個人理財目標與行動計畫

四、定期檢討與調整

定期審視先前訂定的計畫是否適當？是否需要調整？是否可行？是否已經過時了？

生命總是自己會找出自己的出路 Find its own way.

第三節 知己知彼與 SWOT 分析

一、了解未來趨勢

- 人口老化趨勢(長期看護、退休金、食衣住行育樂需求都將改變)
- E化M化科技趨勢(email、簡訊、網路交易、互聯網、APP、智慧型手錶或手機、無線網路、雲端存取、AI人工智慧、應用程式整合平台、區塊鍊、大數據、衛星定位、機器人...)
- 中國崛起、金磚四國與新興國家前景佳：中國、印度、巴西、俄國、泰國、越南與馬來西亞等國家經濟前景佳或消費需求大。
- 國際化趨勢、國家間連動衝擊大：各國間無論生產、金融、行銷、進出口貿易相互連動衝擊大。
- 健康照護趨勢：人口老化趨勢下、健康照護醫療生技相關產業必成主軸。舉例而言，預防醫學、復健健身、健康照護商品及熟齡樂齡消費商品之消費占率將更加攀升。
- 專業技能與證照趨勢：專業化趨勢下，多元證照與專業技能趨勢與要求早已來臨。您可以參加證照考試，也可以培養提升專業技能，端視您的興趣或工作選擇而定。
- 整合專業技術能力更受青睞：傳統科系專業所學領域，必須與時俱進。例如：記帳會計需身兼出納、資訊與稽核專業。美編設計需身兼軟體技能或建築裝潢設計或商品設計能力及業務能力。法律事務需身兼產業產品專業知識與資訊科技或風險管理技能。資訊科技所學軟體可能於畢業後就已不符市場所需或軟體版本過時，需要進一步提升並整合流程控管及專案管理等更多元專業技能。

⊙ 法規監管內控多管齊下：法令遵循與內控是各國企業必須持續投入的資源。

⊙ 資訊管理、E 化、研發與風險管理更形重要：E 化趨勢與效率化下，資訊管理、資訊科技、研發與風險管理常成為企業經營的關鍵成功要素。

⊙ 全球暖化與氣溫攀升、生態環境改變：節能與降溫、醫療生技與環保議題，是民眾生活與企業經營皆需面對與處理的課題。

⊙ 新型態工作模式與新型態商品伴隨而生：人力派遣工作模式、在家工作模式、國際會議等工作型態增加。另外，新型態商品也隨著消費者需求不斷推陳出新。

二、人口老化的衝擊

⊙ 經濟面衝擊：將影響經濟成長、儲蓄、負債、投資、消費、勞動市場、退休金、租稅。人口老化可能造成勞動力縮減、創新能力降低，整體經濟產能及稅收下降。此外，老年人依賴過去儲蓄度日，將抑制資本累積，不利長期經濟成長。

⊙ 社會面及醫療面衝擊：人口老化將影響家庭組成、生活安排、住屋需求、移民趨勢、流行病學、醫療保健與照護需求。另外，年長者因身體狀況相對較差，將增加社會醫療成本、健保支出與長期看護支出。

三、KASH→成功(Knowledge, Attitude, Skill, Habit)

- **Knowledge 具備專業知識**：找出屬於你獨一無二的專業領域，並考取證照或培養相關技術技能並應活學活用專業。
- **Attitude 擁有正面態度**：保持熱情、持續進修學習、維持認真負責與服務的態度。正面的態度是您向前邁向成功的重要捷徑。
- **Skill 擁有良好的技能**：熟悉與活用技能；例如：電腦、語言、溝通、輕重緩急判斷、讚美、領導。
- **Habit 擁有良好的習慣**：好習慣造就您的成功與否。例如：事情準備的好習慣、保持運動或早起的好習慣、文件檔案歸檔良好的好習慣。

四、職場應該具備的能力

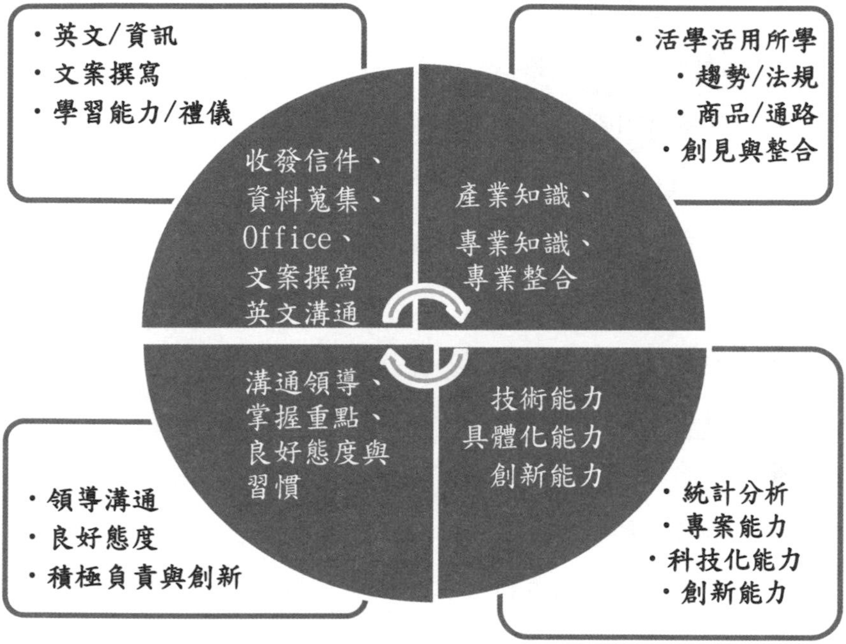

五、職涯升學發展要點

1. 探索自己、了解自己與定位自我、了解 SWOT。
2. 增進學習能力，並發展專業或技能以及增進人際溝通等生活技能。
3. 了解產業概況與職務需求(薪資、職務、所需專業、證照、經歷、技巧、技能…等)。
4. 著手發展自己的求職升學規劃，包含就業、家庭、休閒、住所、學習、投資理財、時間管理、證照考試或訓練….

- 就業、家庭、休閒、住所、學習、投資理財、時間管理等各項目標不能相互衝突，須能連成一氣，相互扶持。
- 不要盲目跟從同學同事朋友，一窩蜂就讀特定科系或從事特定行業。因為該項工作職缺可能有限，可能已經飽和，或是該項工作或專業並非您的優勢。

5. 著手發展自己的就業規劃
   - 證照
   - 經歷
   - 準備修訂履歷自傳
   - 加強求職技巧
   - 選擇專業領域與預計求職職缺
6. 您需要了解產業與相關職缺，不要只挑選產業；而是挑選可能的職務領域。因為不同部門或職務，所需要的專業、個性、才能各有不同。例如：資訊人才、研發人才、管理人才、審核人才、總務人事人才、財務人才、投資人才、業務人才、訓練人才、活動獎勵人才、企劃人才、特助人才、秘書人才、客戶服務人才、職業災害預防與員工福利人才等等職缺，所需要的人才各有不同，一個公司需要的人才頗多，究竟您適合哪一類的職務呢？

六、專業或才能類別與適合的職業

了解自己的專才非常重要，專業才能項目列舉如下：

- ◉ 擅長語文：精通、普通、差？聽說讀寫能力都好？學會幾種語言？例如：語言能力好，適合的職業可能是國際業務、旅遊業、翻譯編輯業。
- ◉ 擅長電腦寫作能力：基本 Office 能力、資料庫能力、程式撰寫能力、網頁撰寫能力、資訊安全程式撰寫、打字速度、繪圖美編技能等。例如：只具備基本 Office 能力只能應徵一般公司，無法進入資訊部門或資訊公司工作。必須培養進一步專業或技能，才能符合資格從事資訊軟硬體及資訊規範相關領域職業。
- ◉ 各項專業能力與適合擔任的職業列舉如下：
  - ✧ 擅長文筆能力：記者、作家、評論人
  - ✧ 擅長幽默風趣與表達能力：演說、補習班老師、名嘴
  - ✧ 擅長處理事務性能力：記帳士、代書、會計、總務
  - ✧ 擅長人際溝通能力：房屋仲介、保險業務員、直銷
  - ✧ 擅長烹飪烘焙或餐飲能力：廚師、知名烘焙師、店長
  - ✧ 擅長體能與運動技能：體育選手、教練、國手、健康教練、軍警人員
  - ✧ 擅長藝術創作能力：繪畫、舞蹈、音樂
  - ✧ 擅長醫療專業能力：醫師、醫科教師、藥劑師、醫護人員
  - ✧ 擅長法律專業能力：律師、法務

- ✧ 擅長會計審計或投資專業能力：會計師、審計師、財會投資部門、財務長、投資長、基金經理人、金融業務員
- ✧ 擅長建築工程或規劃設計：建築師、營造工程主管、設計師
- ✧ 擅長電子電機資訊：工程師、維修人員、生產作業專家、技術人員、工程師
- ✧ 擅長工藝技能：師傅、技師(造型、工藝品、琉璃、木工、磚造或石雕藝術)
- ✧ 擅長設計能力：設計師、美編設計人員、動畫媒體設計人員、展場設計人才
- ✧ 擅長自我表達：演員、作家、畫家、藝術家、演說家
- ✧ 擅長照顧/協助：善心人士、輔導人員、醫護人員
- ✧ 擅長發明事務：設計家、發明家、維修人員
- ✧ 擅長應用科學：工程師、科學家、研發人員
- ✧ 影響力/說服力：銷售人員、政治人物

謀定而後動，不應躁進而妄動！

(修訂與參考自孫子兵法)

七、SWOT 分析

1.優勢(Strength)

- **什麼科目或專業領域最強？最有信心？ 表現最好？**

  例如：演說能力、口才、電腦、語文、資料蒐集、物理、化學、數理、文筆、投資、對金錢數字有概念、法令、行政處理、人際溝通、身體健康又強壯、運動神經發達、長跑能力好等等。

- **個性、性向與偏好？**

  例如：喜歡靜態工作、還是動態工作？喜歡內勤工作、還是外勤業務工作？喜歡與人接觸？還是喜歡處理事情，不善與人交際溝通？

2.劣勢(Weakness)

- **什麼科目或專業領域最弱？最沒有信心？ 表現最普通？**

  例如：演說能力、口才、電腦、語文、資料蒐集、物理、化學、數理、文筆、投資、算術能力、行政處理能力、人際溝通、體能等。

- **個性、性向與偏好？**

  喜歡靜態工作、還是動態工作？喜歡內勤工作、還是外勤業務工作？喜歡與人接觸？還是喜歡處理事情，不善與人交際溝通？

例如：個性羞澀、缺乏主動、不擅與人溝通協調、不適合業務工作或外勤工作、口才遲鈍、文筆不佳、法務或投資專業不佳、運動神經普通等。

3.機會(Opportunity)

- 在我的優勢內，從人力銀行、報章媒體與公司網站，包含哪些工作機會？薪資酬勞大約多少？工作地點在哪裡？
- 科系或職缺需求人數夠多？未來這個產業還有前景嗎？
- 那些學校科系可以選擇？名額足夠嗎？

4.威脅(Threat)

- 這個科系或產業未來會不會變成夕陽產業或不賺錢的產業？這個科系或職缺需要其他專業或證照資歷才能錄取？這個科系或職缺或職務很搶手、競爭對手好多，我很難錄取？
- 這個科系或職缺需要哪些專長？與我們的所學存在顯著的落差？這個科系或職缺的學校或地點都在台北或大陸，但我只想居住在南部，怎麼辦？這個職缺需要通過這些證照資歷，但我還沒有這些證照或資歷？

第四節 升學規劃方向之選擇技巧

一、最少努力法

就我的現況來說，我最容易達成的目標是？如果我的目標是考上理想的大學，那麼就過去學長姐的考試經驗以及我近期的成績來看，我最能考上的理想大學是哪一所？如果答案都明確具體了，就選出最容易達成的目標，並朝向目標努力前進吧！但是可別因為太貪心而時間配置失當，造成成績差或不被錄取喔。

舉例而言：假設考生想要報考第一與第二志願的學校，就考生者來說，需要考量以下問題：

1. 就最近幾次考試成績來看，我的成績如何？
2. 哪一個科系最容易錄取而且我也有興趣？例如：商學財金領域、中文歷史科系或資訊管理系或工業化學領域？
3. 兩所大學的考試科目相同？若不相同，有何差異？需要面試？需要準備文件送審？有何差異？是否造成負擔過重？如果負擔過重，就要找出考試科目相同或相似的兩所學校科系或研究所。

二、工作機會法

工作機會法的基本概念是希望考生可以順利考取所喜歡的科系並未來錄取相關的工作。因此學生應該務實的從相關科系與可能發展去篩選出來。然而，不能只看絕對數量多寡，必須刪除不適合或沒有前景的科系項目才是真正的數量，可別被數據矇騙了喔！

舉例而言：假設考生想要報考第一項專業、第二項及其他專業，分別為商學財金系、資訊管理系與中文系/歷史系，就考生者來說，需要考量以下問題：

1. 就讀商學財金領域後，我可以從事哪方面的工作？工作地點在哪裡？薪資大約多少？未來發展性？適合我而且我很可能錄取的工作職缺有多少？我可以參加哪幾個學校科系的甄試或學測或測驗？
2. 就讀資訊管理、中文系或歷史系後，我可以從事哪方面的工作？工作地點在哪裡？薪資大約多少？未來發展性？適合我而且我很可能錄取的工作職缺多少？我可以參加哪幾個學校科系的甄試或學測或測驗？

三、相對優勢法

相對優勢法是透過學生的個人相對優勢觀點出發，以進一步選擇較有競爭力，較能考得好成績的學校科系。例如：商科成績好的或數學成績好的，未來可以選擇需要考這些科目的學校或系所，求職時也往這個領域出發。

舉例而言，假設考生想要參加學測或甄試，可以先考量一下以下問項：

1. 相較其他同學，我哪些科目成績較好，較有優勢？
2. 相較其他同學，我哪些科目成績較差、較弱？
3. 有哪些學校科系的考試科目，跟我的優勢科目相同或相似？
4. 需要面試嗎？我面試能力如何？

假設最有可能達成目標是：A 大、B 大與 C 大的企業管理系，皆需要筆試與面試；考試科目為國文、英文及專業科目。之後就訂定讀書計畫了，每天幾點到圖書館讀書，幾點離開圖書館，何時作模擬考題。

四、長輩同儕法

依照父母師長、同學朋友以及其他長輩之意見，作為自己未來生涯規劃方向之依據。長輩同儕的意見，其實是可以列入參考的。然而完全依照長輩同儕意見去規劃自己，絕對是有問題的，因為您是獨一無二的；而且過去不代表未來、更何況最了解您自己的是您啊！

五、綜合分析法

同時針對最少努力法、工作機會法、相對優勢法與長輩同儕法等方法進行評估規劃，隨後再針對各自結果進行綜合挑選，以找出自己的最終抉擇。列表舉例說明如下：

方法別	評估結果
最少努力法	● A 大學商學財金系 ● B 大學工業管理系 ● E 大學資訊管理系 ● 直接創業或學習技能
工作機會法	● 商學財金系 ● 資訊管理系
相對優勢法	● 資訊管理系
長輩同儕法	● 資訊管理系
綜合分析法	● E 大學資訊管理系

方法別	評估結果
最少努力法	● A 高中高職商業經營科 ● B 高中數學資優班 ● C 高職電機科
工作機會法	● 商學財金科、電機資訊科 ● 醫療生技產業、照護服務業
相對優勢法	● 數學能力好；電機科系較有興趣
長輩同儕法	● 高中考大學
綜合分析法	● B 高中 OO 資優班

第五節 各科系專業比較與簡介

一、科系優劣勢—商管專業

科系/專業	摘要	機會及表現
國際貿易科系 企業管理科系 商業經營科系	● 通才教育、所學範圍廣，有助於了解產業管理；但可能因而缺乏專業技能而謀職不易或初期薪水偏低。 ● 建議結合特定產業並發展個人專業。	● 在金融保險業或電機資訊或生技專業產業，須具備相關證照及額外專業訓練。 ● 建議結合特定產業並發展個人專業。
財務金融/保險 金融相關科系	● 在金融保險業須具備相關證照及額外專業訓練。 ● 需熟捻於金錢收支與會計記帳或電腦作業，具備高精確值與良好的學習能力。 ● 產品複雜度高而且市場競爭變化性迅速。 ● 實際工時較長。	● 平均薪資名列前茅，值得投入。 ● 許多工作為行銷業務相關工作，需培養業務開發或客戶服務能力。

科系/專業	摘要	機會及表現
會計學系/會計資訊/財稅相關	● 會計專業，各企業皆有需求。 ● 各行各業都有需求，但人才呈現供過於求。 ● 初期薪資偏低，且實際工時較長。	● 會計師、記帳士、企業職員、事務所工作。 ● 租稅規劃/財富管理人員/顧問師。
行銷相關科系	● 通才教育、所學範圍廣，有助於了解行銷專業；但可能因而缺乏產業專業技能而謀職不易或初期薪水偏低。 ● 建議結合特定產業並發展個人專業。	● 須具備相關證照及額外專業訓練。 ● 建議結合特定產業並發展個人專業。

二、科系優劣勢—電機/電子專業

科系/專業	摘要	機會及表現
電機科系/機械/電子	● 領域廣、需視學校科系發展領域而定。領域過廣或過時，可能導致所學深度有限，因而專長有限。 ● 建議修習特定專業並考取相關證照，例如：水電配線維修、電梯或電器產品控制維修、手機/電腦維修、企業裝修與商品設計測試。	● 水電配線維修 ● 電梯或電器產品控制維修 ● 手機/電腦維修 ● 企業裝修與商品設計測試

科系/專業	摘要	機會及表現
資訊相關科系	● 領域廣、需視學校科系發展領域而定。領域過廣或過時，可能導致所學有限，因而專長有限。 ● 建議修習特定專業並考取相關證照，例如：程式設計、資訊安全與個資保護、客戶關係管理系統、特定產業軟體開發維護、APP或AI人工智慧設定維修、廣告LED或網路廣告管理規劃、手機/電腦維修、企業製程E化與商品設計測試。	● 程式設計師 ● 資訊安全與個資保護 ● 客戶關係管理系統商 ● 特定產業軟體開發維護 ● APP或AI人工智慧設計維修 ● 廣告LED或網路廣告管理規劃 ● 手機/電腦維修或開發 ● 企業製程E化與商品設計測試

三、科系優劣勢—工業/農漁專業

科系/專業	摘要	機會及表現
水電、木工、電器維修、水管、配管維修相關	● 店家、企業或家庭皆有強烈的安裝或維修需求。 ● 國內人才呈現短缺瓶頸，投入本專業後容易脫穎而出。	● 可自行開業，業績好、每月薪資收入可能高於10萬。
設計、製圖或製模/模具相關/工藝/多媒體動畫	● 單純平面美編設計製模人才需求有限，且畢業生已多，需要有知名度或指名度，否則薪資普通且職缺少。 ● 多媒體動畫、3D畫圖或製模相關或結合展場布置、裝潢設計施工頗有前景。 ● 薪資高低需視加入的公司團體營收而定。	● 3D產品設計及量身訂做設計製模師，例如：I-Phone手機設計製模。 ● 多媒體動畫師，例如：動畫電影公司。 ● 裝潢設計師，例如：廚具繪圖與施工。

科系/專業	摘要	機會及表現
鈑金、化工、化學、工業工藝相關	● 畢業後即能有相關專業，有利職涯發展；但須學有所長。 ● 需仰賴經驗累積技術專業，工作耗費體力較鉅。 ● 職災風險較高且工時可能較長。 ● 化工化學領域大，可鑽研於特定產業或職務，相對專業性高。	● 鈑金或工業工藝品可配合企業研發量身訂做的零配件材料。 ● 化工化學可找出自己的專屬領域，例如藥品研發或健康醫護商品研發。 ● 可開發自有商品並整合科技行銷。
護理照護、復健相關、醫療相關專業人才	● 人口老化與小家庭趨勢下，需求持續攀升。 ● 可能需輪值三班制(大夜班、日間、早班)。 ● 病患或家屬情緒與要求紛雜，工作人員需要留意安全性，避免受傷。	● 照顧服務員、藥劑師、護理師、復健師、整復推拿師，中醫藥劑士。 ● 可轉往醫療相關機構服務；例如：醫療用品或行政服務支援。

營造、建築、安全衛生	● 公司業務量穩定時，職員收入才能較穩定 ● 工作相對較需耗費體力。 ● 工地之職災風險較高，需要留意。	● 建築師、工程師、安全衛生人員、營造工程人員

科系/專業	摘要	機會及表現
農漁業/農場經營、畜牧相關	● 收入可能較不穩定。 ● 工作相對較需耗費體力。 ● 工作場所之職災風險較高，需要留意。 ● 可朝向精緻/無毒/生機或有機農漁業方向發展。	● 精緻/無毒/生機或有機農漁業 ● 垂直整合生產線與銷售、產地直送營運或網路營運模式
餐飲食品相關/觀光導遊相關	● 公司業務量可能波動大，而且新進職員薪資條件普通。 ● 工作相對較需耗費體力且工時較長或容易被取代。 ● 觀光導遊/烘培烹調工作須配合語文能力並考取相關證照。	● 加入中大型績優公司，從事觀光導遊。 ● 加入中大型績優公司或自行創業，從事烘培烹調廚師。 ● 需求大，但須增加專業性與累積經驗。

四、 階梯式科系選擇與職涯規劃建議 1：技能學習專業，例如水電、木工、營造、設計、電器維修等等。

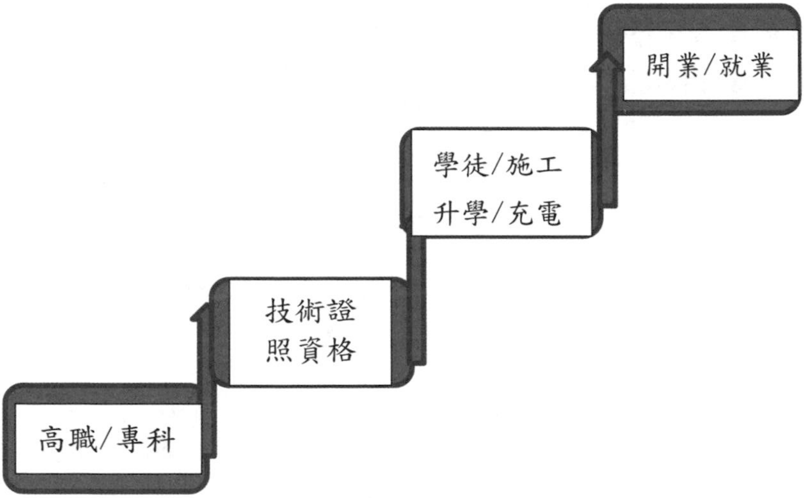

五、階梯式科系選擇與職涯規劃建議 2：文科才藝、數理化學

例如：語文、音樂、數理統計、美術、歷史、化學、.....

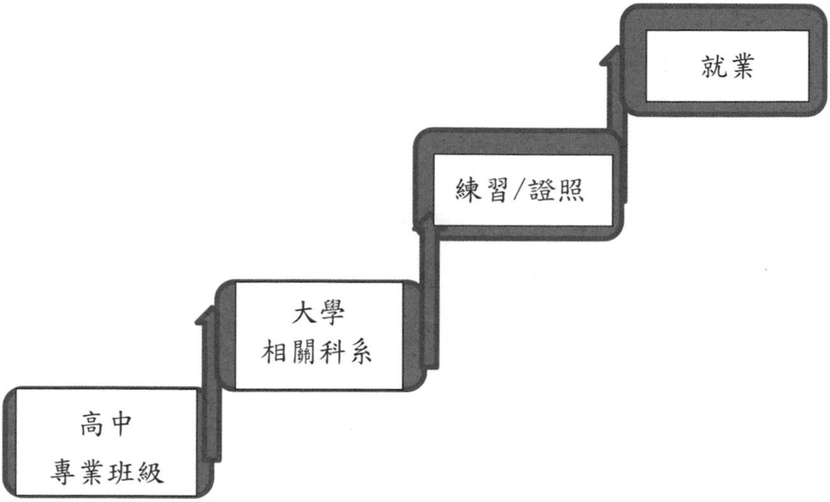

六、階梯式科系選擇與職涯規劃建議 3：商管金融相關

例如：商管學院、金融學院、休閒行銷相關等

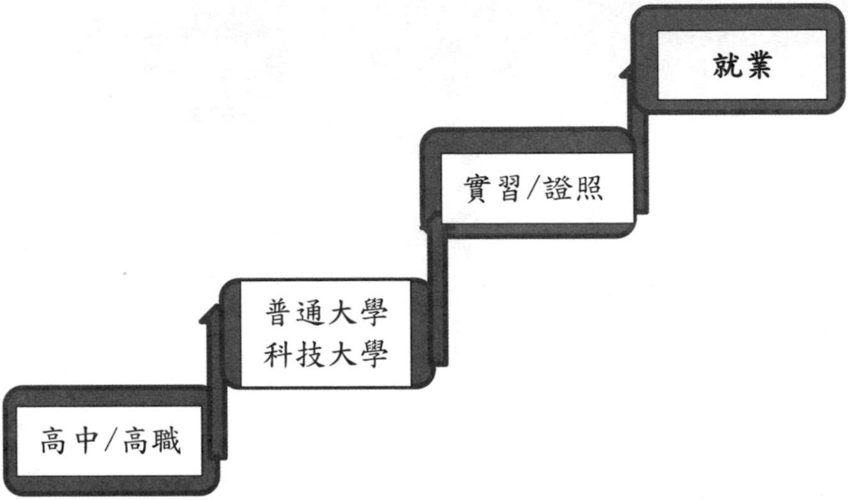

七、階梯式科系選擇與職涯規劃建議 4：資訊電機工學化學

例如：電子電機、資訊資工資管、材工、化工、工學

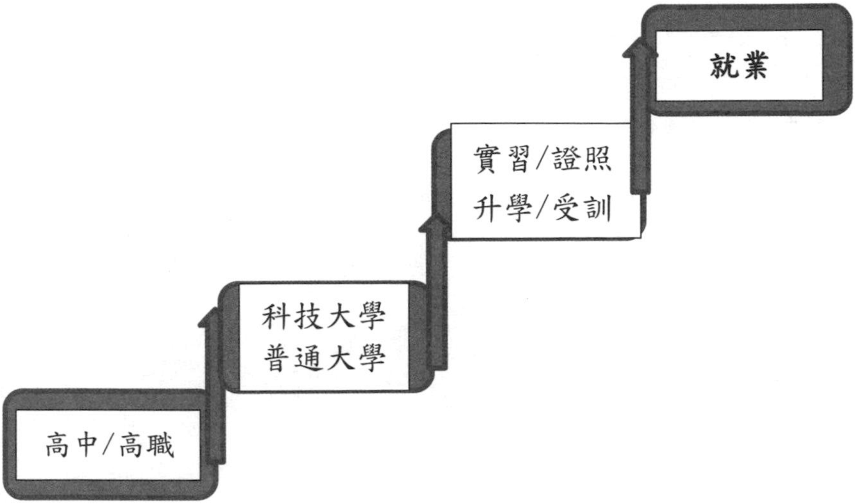

八、參考資訊

1.十二年國民基本教育資訊網

http：//12basic.edu.tw

2.教育部技職司資訊傳播網

https://depart.moe.edu.tw/ED2300/

3.教育部高等教育司資訊傳播網

https://depart.moe.edu.tw/ED2200/

4.教育部大專院校一覽表

https://ulist.moe.gov.tw/Query/SimpleQuery

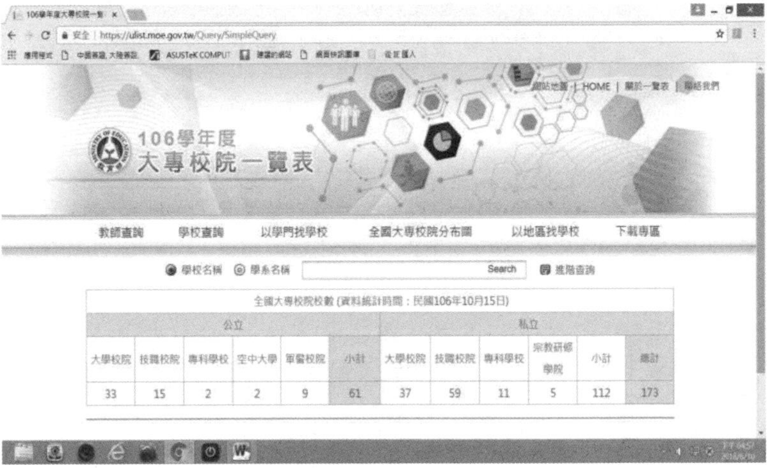

5.國家教育研究院愛學網

http：//stv.moe.edu.tw

6.國中畢業生適性入學宣導網

http://adapt.k12ea.gov.tw/

7.高中高職五專多元入學升學資訊網

http://web.wfsh.tp.edu.tw/bteam/entrance_h/

8.技訊網

https://techexpo.moe.edu.tw/search/

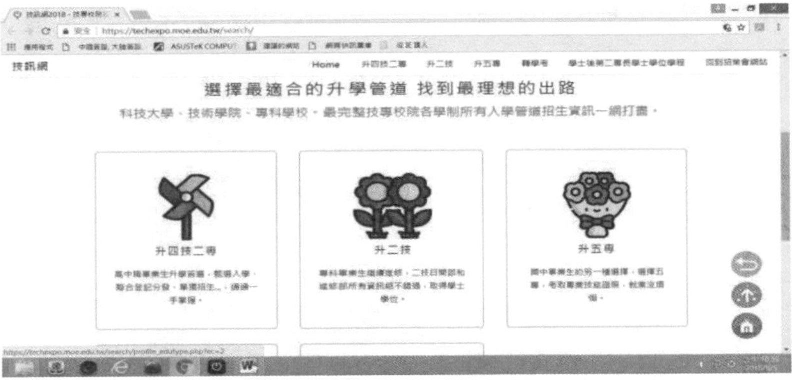

9.學生科系選擇與自我探索

http://career.cpshs.hcc.edu.tw/bin/home.php

10.台灣就業通

https://exam1.taiwanjobs.gov.tw/interest/

選擇內勤、還是外勤？
選擇企管、國貿、會計、保金、金融、行銷、餐飲、資訊、電機、電子、化學、化工、建築、工管、醫學、護理、食品、休閒、英文、日文、數學、歷史、鈑金、汽修、音樂、美術、演藝、高中、四技、大學
……………………………太多的選擇，真難選擇啊！

沒關係，讓我們運用技巧方法，冷靜地思考分析釐清，找出適合自己的方向。

第六節 職涯規劃方向之選擇技巧

一、SWOT 法運用與範例

- 善用 SWOT 分析法，分析自身的內在優勢與劣勢、外在的機會與威脅。(S：優勢 **S**trength~~自己的優點，W：劣勢 **W**eakness~~自己的缺點，O：機會 **O**pportunity~~外在的機會，T：威脅 **T**hreat~~外在的威脅)
- 分析過去、了解自己的人格特質、價值觀、專業、興趣、健康、學經歷、期望待遇...等。
- 了解產業現況、趨勢、需求與工作機會。

二、求職升學規劃方向之選擇技巧分享

(一)最少努力法

就我的現況來說，我最容易被錄取哪些工作？求職者應該自我評量，就自己目前的學經歷與資格條件來看，最有可能被錄取或被聘用的是哪一個產業？哪一個部門？工作績效與薪酬最佳的職缺是哪一個？

假設考生想要應徵工作，就求職者來說，需要考量以下問題：

1. 我對於人事總務、行政事務、財務會計、電子資訊、化學工業領域非常有興趣嗎？我可以從事哪方面的工作？
2. 我未來想要在哪一個城市居住與定居？我願意到台北或國外工作嗎？

3. 兩份工作需要筆試嗎？還是只需要面試就可以了？若要考試，考試科目是哪些？
4. 如果需要考試，就我的程度來看我需要準備多久？有沒有考試重點？需要哪些證照或經歷較容易錄取？
5. 需要面試？需要如何準備？有沒有工作經驗可以加分？需要哪些工作經驗比較容易錄取？

仔細評量後，假設最有可能達成或錄取的工作列舉如下：

1.A 銀行理財專員

2.B 公司客戶服務專員

3.C 公司辦事員

4.自行創業或開店

(二)工作機會法

工作機會法的基本概念是希望求職者可以順利找到工作(飯碗)，而且是金銀銅製的飯碗，因此求職者應該務實的從工作機會(職缺多寡)、產業前瞻性與未來發展性、工作薪資與報酬、工作地點等各構面去評估分析。然而，不能只看職缺數量多寡，必須刪除不適合的職缺而且刪除不具應徵資格的職缺後，篩選後的職缺數量才是真正的數量，可別被數據矇騙了喔！

假設考生想要應徵特定領域的工作，分別為財金工作與記者或電子資訊業工作。就求職者來說，需要考量以下問題：

1. 我可以從事哪方面的工作？工作地點在哪裡？薪資大約多少？未來發展性？適合我而且我很可能錄取的工作職缺多少排名？
2. 舉例來說，經評估後金融產業及電子資訊產業職缺多、工作機會多、薪資高、發展好，因此就選擇商學金融及電子電機領域的公司。
3. 仔細評量後，職缺較多的工作領域列舉如下：

- A 銀行理財專員
- B 公司客戶服務專員
- C 公司辦事員
- D 公司日報記者
- E 公司遊戲軟體設計師
- 大立光、台積電、聯發科、鴻海等上市公司職員

(三)相對優勢法

相對優勢法是透過求職者的個人相對優勢觀點出發，以進一步選擇較有競爭力或較能錄取的工作機會。相對優勢法與最少努力法所得的結果可能相似，但通常不會完全相同。因為最容易達成的工作可能薪水低、挑戰性低、勞累度高或所需學經歷不高，但卻不是求職者所滿意且具有優勢的工作。

例如，我覺得我最有優勢而且可以獲得平均月薪最高、職位較高的工作機會如下：

1.A 銀行理財專員

2.B 公司客戶服務專員

3.竹科或中科生產作業員

(四)長輩同儕法

依照父母師長、同學朋友以及其他長輩的意見，作為自己未來生涯規劃方向之依據。長輩同儕的意見，其實是可以列入參考的。然而完全依照長輩同儕意見去規劃自己，絕對是有問題的，因為您是獨一無二的；而且過去不代表未來、更何況最了解您自己的是您啊！

舉例來說，長輩建議如下：

- 大立光、台積電、聯發科、鴻海等上市公司股價蠻高的、EPS 也很高的，薪水也很高！
- 銀行業銀飯碗很穩定！

(五)綜合分析法

同時針對最少努力法、工作機會法、相對優勢法與長輩同儕法等方法進行評估規劃，隨後再針對各自結果進行綜合挑選，以找出自己的最終抉擇。

方法別	評估結果
最少努力法	1.A 銀行理財專員 2.B 公司客戶服務專員 3.C 公司客服專員 4.D 電信公司門市人員 5.E 公司門市人員 6.F 公司記者 7.自行創業或開店
工作機會法	1.A 銀行理財專員 2.B 公司客戶服務專員 3.C 公司客服專員 4.D 電信公司門市人員 5.E 公司遊戲軟體設計師
相對優勢法	1.個性內向、但細心又專業、學習能力佳。 2.金融業的企劃、行政、客服、放款、徵信、信託、證券、理財等各項職務。
長輩同儕法	1.銀行工作比較穩定，能夠錄取就好。 2.大立光、台積電、聯發科、鴻海等公司值得去。
綜合分析法	1.銀行的企劃、行政、客服、放款、徵信、 信託等各項職務。 2.銀行的理財專員或客服專員。

三、職涯問答法

透過問答方法以便自己進一步了解自己並規劃與發展適合自己的求職升學規劃目標。透過以下的問卷幫助使用者進行職涯規劃選擇。

1.個性

我的個性是　(1)內向低調　(2)外向活潑

答案：

2.我比較喜歡的工作型態

(1) 不需與人接觸

(2) 常常需要與人接觸

答案：

3.我過去的專業或專長領域或所具備技能與適合的工作

- 擅長文筆能力：記者、評論員、作家。
- 擅長幽默風趣與表達能力：演說、補習班老師、名嘴。
- 擅長處理事務性能力：記帳士、代書、財會事務、總務。

- 擅長人際溝通能力：房屋仲介、保險業務員、直銷。
- 擅長烹飪烘焙或餐飲能力：廚師、知名烘焙師、店長。
- 擅長體能與運動技能：體育選手、教練、國手、健康教練、軍警人員。
- 擅長藝術創作能力：繪畫、舞蹈、音樂。
- 擅長醫療專業能力：醫師、醫科教師、藥劑師、醫護人員、醫療相關工作。
- 擅長法律專業能力：律師、法務、代書。
- 擅長會計審計專業能力與考試能力：會計師、審計師、稽核人員、記帳士、財會事務、投資事務等。
- 擅長建築工程或規劃設計：建築師、營造工程主管、設計師。
- 擅長電子電機資訊：工程師、維修人員、製造生產人員。
- 擅長工藝技能：師傅、技師(造型、工藝品、琉璃、木工、磚造或石雕藝術) 。
- 擅長自我表達：演員、作家、畫家、藝術家、演說家。
- 擅長照顧/協助：善心人士、輔導人員、醫護人員。
- 擅長發明技能：設計家、發明家、維修人員。
- 擅長應用科學：工程師、科學家、研發人員。
- 擅長體能：運動家、選手、軍警人員。
- 影響力/說服力：銷售人員、政治人物。
- 建築工程或規劃設計：設計師、建築師、營造工程主管。

- 電子電機資訊專長：工程師、維修師、生產作業人才、研發人才、技術研發。
- 設計美感專長：工藝品設計師、服裝設計、營業場所裝潢設計、圖書目錄期刊設計等。
- 其他：表演藝術人員、模特兒等。

答案：可選擇 3~5 項

4.我是個善解人意的人？還是理性思考的人？

我喜歡活用機器及技能工作？還是喜歡接觸人群？

我是個細心精確的人？還是粗心大意的人？

我是個有毅力的人？還是比較沒有耐心的人？

我是個固執己見(擇善固執)的人？還是聽從師長長輩意見的人？

5.我擁有的工作經驗或工讀經驗包含哪些？請依序列出並寫出平均待遇。

答案：

6.薪資福利偏好？

- 我要求每月的固定薪多少？
- 我要求第一年就要有年假嗎？
- 我能夠接受沒有底薪的工作嗎？
- 我能夠接受沒有每月或每季或每半年有業績責任額的工作嗎？如果達不到責任額可能會被考核(資遣或降薪)。
- 我可以接受內勤職務，但是薪資為底薪加上獎金且須被定期考核(資遣或降薪)的工作嗎？
- 我能夠接受月薪只有 2.3~2.8 萬嗎？
- 我能夠接受離鄉背井在外地工作嗎？
- 我有財力專業可以自行創業嗎？ 適合哪個領域？

答案：請逐項回答

7.工作性質與地區偏好？

- 我能夠接受常須國內外出差的工作嗎？
- 我可以接受在台北或其他大城市工作嗎？
- 我可以接受每天工作時間大約 10~12 小時嗎？
- 我有能力勝任部門主管或科主管嗎？
- 我可以接受長時間久站或每天跑客戶的日子嗎？
- 我可以接受到大陸工作或在東南亞國家工作嗎？

- 我可以承擔高度壓力或言教式的要求嗎？
- 我如果自行創業，設立地點在哪裡？

答案：請逐項回答

8.請寫出我比較喜歡的工作種類，而且有機會錄取的工作種類？

- 秘書
- 客服
- 統計分析
- 業務招攬
- 商品發展
- 研發人員
- 人資
- 總務
- 會計
- 投資
- 電腦
- 出納
- 店員
- 廚師
- 接待人員

- 催收人員
- 照護人員/護士
- 老師
- 行政人員
- 教育訓練人員
- 顧問
- 作家
- 維修人員
- 收銀員
- 服務生
- 船員
- 貿易事務員
- 基金經理人
- 研究人員
- 市調人員
- 自由業/自行創業
- 其他：________________

答案：可選擇 3~5 項

9.根據前幾題的選擇，寫出您有機會錄取且具備相對優勢的工作項目、內容、待遇、資格條件要求？

答案：

10.請從前幾題的答案中，依照您的人生目標與順位目標，排列出您的求職優先順序。

答案：

11.請從前幾題的答案中，進一步寫出您的具體行動計畫。

答案：

(1) 短期行動計畫：

(2) 中期行動計畫：

(3) 長期行動計畫：

第七節 職缺與工作內容實例

本節特別列舉部分職缺，內容涵蓋要求之工作內容與資格條件，方便讀者們評估自己是否能夠勝任特定領域的工作，也了解一下企業求才時，要求具備哪些資格條件。

一、職缺與工作內容資訊範例-會計

- 工作內容

  1.應付帳款與廠商對帳。

  2.執行一般現金收付作業。

  3.核對儲存現金與記錄是否相符合。

  4.製作出納科目餘額表、收款日報表、銀行存款收支日報表及相關財務報表。

- 工作待遇：月薪 3 萬元 至 3 萬 5 仟元
- 上班地點：新北市
- 管理責任：不需負擔管理責任
- 上班時段：日班，09:00~18:30
- 休假制度：週休二日
- 可上班日：一週內
- 需求人數：1 至 2 人
- 工作經歷：不拘
- 學歷要求：專科、大學、碩士
- 科系要求：會計學相關、一般商業學類
- 語文條件：不拘
- 擅長工具：Excel、Word、中打 50~100 字、會計軟體
- 工作技能：文書處理／排版能力、代辦會計相關事項

二、職缺與工作內容資訊範例-銀行行員(櫃員)

- 工作內容：
  1.負責櫃台各項存匯作業
  2.相關金融商品推廣
  3.具金融相關證照及銷售服務特質者優先錄取
- 商學財金相關科系尤佳
- 工作待遇：3.1 萬(大學)、3.5 萬(研究所)
- 管理責任：不需負擔管理責任
- 可上班日：一個月內
- 需求人數：1~2 人
- 工作經歷：1 年以上，至少一年以上銀行存匯工作經驗
- 學歷要求：大學、碩士
- 科系要求：商業及管理學科類、銀行保險相關
- 語文條件：英文 -- 聽 /中等、說 /中等、讀 /中等、寫 /中等
- 擅長工具：Excel、Outlook、PowerPoint、Word
- 具備證照：產物保險業務員、人身保險業務員、外幣收付之非投資型人身保險資格證照、銀行內部控制與內部稽核、信託業業務人員信託業務專業測驗(信託法規乙科)
- 其他條件：認真負責、細心謹慎；具備客戶服務熱忱且樂於與人互動的特質。

三、職缺與工作內容資訊範例-銀行金融理財專員

- 工作內容：

  1.負責各項理財及相關金融商品推廣。

  2.具信託、保險、投信投顧相關證照及具備銷售服務特質者優先錄取。

  3.樂觀積極，具備服務熱忱。

  4.勇於挑戰高業績高獎金者。

- 職務類別：金融理財(業務)專員
- 工作待遇：面議
- 可上班日：不限
- 需求人數：不限
- 工作經歷：1 年以上
- 學歷要求：專科、大學、碩士
- 科系要求：不拘
- 語文條件：
  - 中文 -- 聽 /精通、說 /精通、讀 /精通、寫 /精通
  - 英文 -- 聽 /中等、說 /中等、讀 /中等、寫 /中等
- 具備證照：
  - 產物保險業務員、人身保險業務員、投資型保險商品業務員、外幣收付之非投資型人身保險資格證照
  - 信託業業務人員信託業務專業測驗(信託法規乙科)、結構型商品銷售人員資格測驗、金融市場常識與職業道德、投信投顧相關法規（含自律規範）
- 其他條件：歡迎金融同業、銷售高手及二度就業

四、公司職缺與工作內容範例：OO 生技股份有限公司職員

- 工作內容：

  1.負責網路營運相關事項：商品上下架作業、庫存管理、銷售/促銷方案規劃與執行等。

  2.網站、粉絲頁、部落格管理及相關行銷推廣活動。

  3.會員活動規劃及資料管理分析。

- 職務類別：產品行銷人員、行銷企劃人員
- 工作待遇：面議
- 管理責任：不需負擔管理責任
- 可上班日：一個月內
- 需求人數：2 人
- 工作經歷：3 年以上
- 學歷要求：大學以上
- 科系要求：不拘
- 語文條件：不拘
- 其他條件：
  - 活潑外向，喜歡與人互動
  - 喜歡烹調，對食物有興趣
  - 熟悉網路曝光、文筆流暢者佳

五、公司職缺與工作內容範例：3D 繪圖設計師

- 工作內容

1. 工作地點：中國大陸 OO 工業園區
2. 依歐美日客戶需求，量身訂做各項商品。
3. 須熟悉各種材質特性與商品規劃。
4. 嫻熟多媒體軟體 (例如：3ds Max 等)

- 職務類別：包裝設計、工業設計、電腦繪圖人員
- 工作待遇：面議
- 管理責任：不需負擔管理責任
- 出差外派：需出差，一年累積時間未定
- 可上班日：一個月內
- 需求人數：3 至 4 人
- 工作經歷：3 年以上
- 學歷要求：專科以上
- 科系要求：美術工藝相關、工業設計相關、藝術商業設計
- 語文條件：英文 -- 聽 /中等、說 /中等、讀 /中等、寫/ 中等。

六、公司職缺與工作內容範例：照顧服務員

- 工作內容：
  1. 長者/病患之個人衛生及日常生活照顧服務。
  2. 協助長者/病患之餵食與活動或復健。
  3. 環境清潔維護。
  4. 預防意外事件及緊急事件聯繫處理。
  5. 協助相關行政業務。
- 職務類別：照顧服務員
- 工作待遇：月薪 2 萬 8 仟元 至 2 萬 9 仟元
- 不需負擔管理責任
- 可上班日：不限
- 需求人數：1 至 2 人
- 接受身份：上班族、應屆畢業生、夜間就讀中、原住民
- 工作經歷：不拘
- 學歷要求：不拘
- 科系要求：不拘
- 語文條件：不拘
- 擅長工具：不拘
- 具備證照：須具備照顧服務員證書

七、公司職缺與工作內容範例：汽車電機引擎技術維修技工

- 工作內容：

  1.檢查車輛的引擎、底盤、電路系統等零件，排除故障並進行維修保養。

  2.提供顧客車輛維修與檢測服務，並回答車況問題。

  3.測試車輛引擎的性能，並進行調整修繕。

- 職務類別：汽車／機車引擎技術人員、其他汽車／機車技術維修人員。
- 工作待遇：月薪 3 萬 5 仟元 至 5 萬 5 仟元
- 管理責任：不需負擔管理責任。
- 工作經歷：2 年以上；2-3 年汽車維修經驗。
- 學歷要求：不拘
- 科系要求：不拘
- 語文條件：不拘
- 擅長工具：不拘

八、公司職缺與工作內容範例：電子工程師

- 工作內容：

  1.無線鑰匙啟動系統。

  2.先進駕駛輔助系統開發。

  3.無線作業技術研究。

  4.技術報告撰寫、團隊交流與簡報。

- 職務類別：通訊工程師、硬體研發工程師、電子工程師
- 工作待遇：依公司規定
- 管理責任：不需負擔管理責任
- 出差外派：需出差，一年累積時間未定
- 可上班日：兩週內
- 工作經歷：1 年以上
- 學歷要求：大學、碩士
- 科系要求：電機電子工程相關、通信學類
- 語文條件：英文 -- 聽 /略懂、說 /略懂、讀 /中等、寫 /略懂
- 擅長工具：Excel、Outlook、PowerPoint、Word、中文打字 20~50、英文打字 20~50
- 工作技能：開發電子電路系統、電子電路設計、電子零件產品資訊蒐集
- 其他條件：
  - 電子電路分析設計專業。
  - 示波器/頻譜儀操作專業。

九、公司職缺與工作內容範例：機械工程師

- 工作內容：

  1.機械與模具設計、優化與維護。

  2. 3D 方案的開發測試及產品認證。

  3.工程圖的設計與審訂。

  4.跨部門溝通聯繫與追蹤處理。

- 職務類別：機械工程師
- 工作待遇：面議
- 管理責任：不需負擔管理責任
- 出差外派：需出差，一年累積時間未定
- 工作經歷：3 年以上
- 學歷要求：專科以上
- 科系要求：不拘
- 語文條件：英文 -- 聽 /精通、說 /精通、讀 /精通、寫 /精通
- 其他條件：
  - 熟說寫英語。
  - 嚴謹細緻，抗壓力強。
  - 機械設計相關專業畢業。
  - 3 年以上精密設備產品與模具設計研發經驗。
  - 熟悉 AutoCad 等軟體設計。

十、公司職缺與工作內容範例：化工工程師

- 工作內容：
  1. 石化廠塑化工業之業務推廣
  2. 石化廠內製程問題解決
  3. 客戶聯繫服務與跨部門溝通
- 職務類別：化工化學工程師、特用化學工程師、業務支援工程師
- 工作待遇：面議
- 管理責任：不需負擔管理責任
- 出差外派：需出差，一年累積時間未定
- 工作經歷：不拘
- 學歷要求：專科以上
- 科系要求：化學工程相關、材料工程相關
- 語文條件：
  - 英文 -- 聽 /中等、說 /中等、讀 /中等、寫 /中等
    台語 -- 略懂
- 擅長工具：Windows Excel、PowerPoint、Word
- 具備駕照：普通小型車
- 其他條件：
  - 應屆畢業及無工作經驗者須提供畢業證書和成績單。
  - 具化學證照尤佳。
  - 機械工程系輔修化工系或化工系輔修機械工程系可，或具備機械與化工科系尤佳。

十一、公司職缺與工作內容範例：國際貿易專員

- 工作內容：

  1.負責向客戶報價並確認訂單。

  2.聯絡運輸公司與報關行，進行確認、運輸安排、簽約等聯絡事項。

  3.決定貨物裝運方法，並準備相關文件。

  4.負責報關之行政作業。

  5.負責請款作業。

- 職務類別：國貿人員、船務／押匯／報關人員
- 工作待遇：面議
- 管理責任：不需負擔管理責任
- 出差外派：無需出差外派
- 工作經歷：2 年以上
- 學歷要求：專科以上
- 科系要求：英美語文相關、國際貿易相關、會計學相關
- 語文條件：
  - 英文 -- 聽 /中等、說 /中等、讀 /中等、寫 /中等
  - 日文 -- 聽 /精通、說 /精通、讀 /精通、寫 /精通
- 擅長工具：Excel、Outlook、PowerPoint、Word
- 工作技能與條件：
  - 出口貨物報關、出口價格核算、商業信用狀分析、貿易單據製作、進出口作業流程控管、貨物查驗、保險稅務帳務管理。
  - 操作進出口/報關/報稅/押匯等作業經驗。
  - 具備英語溝通能力。

十二、公司職缺與工作內容範例：資訊人員/工程師

- 工作內容：
  1. 網路硬碟伺服器維護管理與整合。
  2. 機房維護與管理。
  3. 電子郵件設定與管理。
  4. 協助公司員工解決資訊相關問題及軟體安裝及維修。
  5. 資訊安全制度追蹤管理。
  6. 異常、故障排除與廠商聯繫。
- 職務類別：系統維護／操作人員、資訊設備管制人員
- 工作待遇：面議
- 出差外派：無需出差外派
- 可上班日：兩週內
- 工作經歷：1 年以上
- 學歷要求：專科以上
- 科系要求：資訊管理相關
- 語文條件：不拘
- 擅長工具：區域網路工具

十三、公司職缺與工作內容範例：資訊人員

- 工作內容：建置、管理及維護本中心資訊系統。
- 職務類別：電腦系統分析師、其他資訊專業人員
- 工作待遇：面議；年終獎金：1 個月，三節獎金：各 5000 元；年終獎金：1.5 個月。
- 出差外派：無需出差外派
- 可上班日：兩週內
- 工作經歷：6 年以上
- 學歷要求：大學以上
- 科系要求：數理統計相關、資訊管理相關
- 語文條件：英文 -- 聽 /中等、說 /中等、讀 /中等、寫 /中等
- 擅長工具：ASP、Visual Studio、MS SQL、Oracle、JavaScript
- 其他條件：系統開發工作經驗 6 年以上者、從事金融保險相關資訊工作者優先考慮、具備系統分析及專案管理之能力、熟悉 Java 程式語言等軟體開發工具且熟悉 Oracle、MS SQL 資料庫規劃設計經驗。

十四、公司職缺與工作內容範例：農業技術研究助理

- 工作內容：

1.在植物工廠或溫室從事蔬菜栽培作業。

2.廠區環境設備之技術支援。

3.跨部門溝通協調。

- 職務類別：農藝作物栽培工作者
- 工作待遇：面議
- 出差外派：無需出差外派
- 上班時段：日班，需輪班

- 可上班日：不限
- 需求人數：不限
- 學歷要求：專科、大學、碩士
- 科系要求：農業相關；有植栽養護之經驗或相關學系者，有園藝或農業技術士證照尤佳。
- 語文條件：不拘

十五、公司職缺與工作內容範例：旅遊業務行銷高手

- 工作內容：
  1.旅遊商品銷售及解說。
  2.具備服務熱忱及顧客接待技能。
  3.須具備業務行銷經驗。
- 職務類別：旅行社人員、國內業務人員
- 工作待遇：依公司規定
- 管理責任：不需負擔管理責任
- 出差外派：無需出差外派
- 可上班日：1 個月內
- 工作經歷：1 年以上
- 學歷要求：專科
- 科系要求：不拘
- 語文條件：不拘
- 具備駕照：輕型機車、普通重型機車
- 其他條件：須有一年以上旅遊業相關經驗。

十六、公司職缺與工作內容範例：正職餐廳服務生

- 工作內容：

  1.賓客接待。

  2.負責內外場相關工作，例如：送單至廚房，擺盤、上菜、更換餐盤、客桌清潔等。

  3.餐點製作與清潔維護。

- 職務類別：餐飲服務生、飯店工作人員
- 工作待遇：面議
- 上班時段：日班/晚班，(10:00-14:00/17:00-21:00)
- 可上班日：一週內
- 接受身份：上班族、應屆畢業生、日間就讀中、夜間就讀中、研發替代役工作、外籍人士、原住民
- 工作經歷：不拘
- 學歷要求：高中以上
- 科系要求：不拘
- 語文條件：不拘
- 具備駕照：輕型機車、普通小型車
- 其他條件：具餐飲相關經驗者佳

第八節 職業薪資水準與風險高低調查

一、行業別分類、風險與薪資統計

您選擇的工作或產業，如果職位是中階主管人員或專業人員薪水大概多少？可能發生職業災害或意外的損失比率是多少？以下特別編撰彙整職業別薪資水準及風險高低數據，供讀者朋友們參考。由於 107 年度第一季的薪資包含年終獎金與調薪，因此薪資相對於 106 年度高出不少。

分類	行業別	損失比率%	風險	平均月薪 107 年 Q1
礦業及土石採取業	**石油及天然氣礦業、砂、石及黏土採取業、其他礦業及土石採取業**	**0.92**	**極高風險**	**66,747**
營造業	**建築工程業**	**0.54**	**高風險**	**51,280**
	專門營造業（庭園景觀工程業；機電、管道及其他建築設備安裝業除外）	0.49	**高風險**	
	機電、管道及其他建築設備安裝業	**0.44**	**高風險**	
	土木工程業	0.34	**高風險**	

分類	行業別	損失比率%	風險	平均月薪 107 年 Q1
	庭園景觀工程業	0.34	高風險	
製造業	**基本金屬製造業**	**0.47**	高風險	61,899
	木竹製品及家具製造業	0.43	高風險	
	金屬製品製造業（金屬手工具及模具、金屬容器製造業除外）	**0.39**	高風險	
	非金屬礦物製品製造業	0.37	高風險	
	紙漿、紙及紙製品製造業	**0.35**	高風險	
	機械設備製造業、產業用機械設備維修及安裝業	0.26	中風險	
	金屬手工具及模具、金屬容器製造業	**0.25**	中風險	
	橡膠製品、塑膠製品製造業	0.22	中風險	
	汽車及其零件、其他運輸工具及其零	**0.21**	中風險	

分　類	行　業　別	損失比率%	風險	平均月薪 107 年 Q1
製造業	**件製造業**			61,899
	食品、飲料及菸草製造業	0.17	中風險	
	紡織業（紡織品製造業除外）	**0.16**	中風險	
	印刷及資料儲存媒體複製業	0.15	中風險	
	石油及煤製品、化學材料、化學製品、藥品及醫用化學製品製造業	**0.14**	中風險	
	皮革、毛皮及其製品製造業	0.12	低風險	
	其他製造業	**0.12**	低風險	
	紡織品製造業	0.08	低風險	
	成衣及服飾品製造業	**0.07**	低風險	
	電子零組件、電腦、電子產品及光學製品、電力設備	0.04	極低風險	

分　類	行　業　別	損失比率%	風險	平均月薪 107 年 Q1
	製造業			
電力及燃氣供應業	電力及燃氣供應業	0.17	中風險	95,737
農林漁牧業	農、林、牧業	0.16	中風險	無統計
	漁業	0.11	低風險	
用水供應及污染整治業	廢（污）水處理業、廢棄物清除、處理及資源回收處理業、污染整治業	0.3	高風險	50,951
	用水供應業	0.16	中風險	
運輸及倉儲業	**水上運輸業**	**0.91**	**極高風險**	62,278
	陸上運輸業	0.33	高風險	
	航空運輸業	0.16	中風險	
	運輸輔助業（陸上運輸輔助業、報關及船務代理業除	0.14	低風險	

分　類	行　業　別	損失比率%	風險	平均月薪 107 年 Q1
	外）、倉儲業			
	郵政及快遞業	0.1	低風險	
	報關及船務代理業	0.09	低風險	
	陸上運輸輔助業	0.09	低風險	
支援服務業	租賃業、人力仲介及供應業、保全及私家偵探服務業、建築物及綠化服務	0.15	低風險	41,165
	旅行及相關代訂服務業、業務及辦公室支援服務業	0.07	低風險	
批發及零售業	零售業	0.13	低風險	62,489
	批發業	0.11	低風險	
住宿及餐飲業	住宿服務業、餐飲業	0.12	低風險	39,751
不動產業	不動產開發業、不動產經營及相關服務業	0.08	低風險	53,647

分類	行業別	損失比率%	風險	平均月薪 107年Q1
資訊及通訊傳播業	電信業	0.07	低風險	86,578
	出版業、影片服務、聲音錄製及音樂出版業、傳播及節目播送業	0.06	低風險	
	電腦系統設計服務業、資料處理及資訊供應服務業	0.04	極低風險	
金融及保險業	金融中介業、保險業、證券期貨及其他金融業	0.04	極低風險	131,355
專業、科學及技術服務業	法律及會計服務業、企業總管理機構及管理顧問業、建築、工程服務及技術檢測、分析服務業、廣告業及市場研究業、專門設計服務業、獸醫服務等	0.07	低風險	72,808
	研究發展服務業	0.04	極低風險	

分類	行業別	損失比率%	風險	平均月薪 107 年 Q1
公共行政及國防；強制性社會安全	公共行政及國防、強制性社會安全、國際組織及外國機構	0.1	低風險	無統計
教育服務業	教育服務業	0.05	極低風險	28,001
藝術、娛樂及休閒服務業	創作及藝術表演業、圖書館、檔案保存、博物館及類似機構、博弈業、運動、娛樂及休閒服務業	0.08	低風險	43,171
醫療保健及社會工作服務業	醫療保健服務業、居住型照顧服務業、其他社會工作服務業	0.05	極低風險	79,633
其他服務業	個人及家庭用品維修業	0.18	低風險	42,071
	其他服務業	0.09	低風險	
	宗教、職業及類似組織	0.06	低風險	

二、每人每月總薪資－按行業分

1.薪資最高排名前五名：金融保險業、電力公司業、資訊通訊業、醫療保健服務業、專業科學及技術服務業。

2.年終獎金與調薪較高行業：金融保險業、批發零售業、製造業、資訊通訊業、不動產業、營造業等。

3.**由於 107 年度第一季的薪資包含年終獎金與調薪，因此薪資相對於 106 年度高出不少。另外中高階人員或資深人員的薪資較高，新進職員或年資較淺員工薪資則偏低許多。**

金額單位：新臺幣元

	行業/年度	105 年	106 年	107 年 Q1	成長率	獎金與調薪率
1	礦業及土石採取業	52,398	56,302	66,747	7%	19%
2	製造業	47,258	48,660	61,899	3%	27%
3	**電力及燃氣供應業**	**94,292**	**94,551**	**95,737**	**0%**	**1%**
4	用水供應及污染整治業	42,843	43,744	50,951	2%	16%
5	營造業	42,839	42,506	51,280	-1%	21%
6	批發及零售業	45,429	47,368	62,489	4%	32%
7	運輸及倉儲業	52,132	52,867	62,278	1%	18%
8	住宿及餐飲業	32,622	33,527	39,751	3%	19%

	行業/年度	105 年	106 年	107 年 Q1	成長率	獎金與調薪率
9	**資訊及通訊傳播業**	**67,709**	**69,022**	**86,578**	**2%**	**25%**
10	**金融及保險業**	**85,417**	**86,294**	**131,355**	**1%**	**52%**
11	不動產業	41,339	43,342	53,647	5%	24%
12	專業、科學及技術服務業	58,708	59,926	72,808	2%	21%
13	支援服務業	36,023	36,375	41,165	1%	13%
14	教育服務業	24,873	25,288	28,001	2%	11%
15	醫療保健服務業	65,239	65,681	79,633	1%	21%
16	藝術、娛樂及休閒服務業	36,807	37,486	43,171	2%	15%
17	其他服務業	34,145	34,525	42,071	1%	22%

基礎資料來源：行政院主計總處

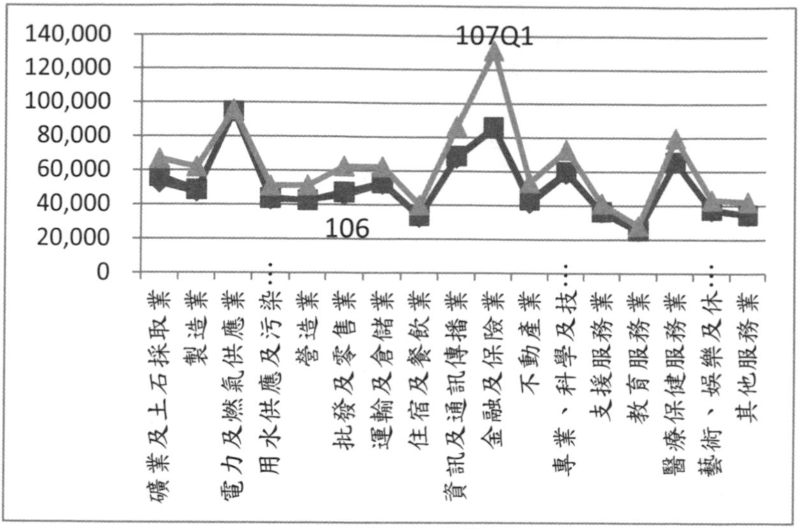

基礎資料來源：行政院主計總處

三、各職業項目及風險等級摘錄

第 1 等風險最低、第 7 等風險最高(極高風險)。

職業等級	職業風險	職務或工作性質
1	低風險	一般內勤服務人員 （辦公室職員、櫃檯、服務檯）
1	低風險	一般醫師、護士及藥劑師
1	低風險	一般醫務行政人員
1	低風險	中途之家、安養院工作人員
1	低風險	手工藝品買賣商
1	低風險	文具商、禮品買賣商
1	低風險	水產實驗人員(室內)

職業等級	職業風險	職務或工作性質
1	低風險	布類紙品工藝品之加工工人
1	低風險	民意代表、監立委、省縣市議員
1	低風險	寺廟及教堂管理人員
1	低風險	米商(不參與碾米作業)
1	低風險	作曲人員、作家
1	低風險	志願役行政及內勤人員
1	低風險	村里幹事
1	低風險	汽車買賣商(不含修理)
1	低風險	系統工程師
1	低風險	宗教團體工作人員
1	低風險	服飾、皮鞋、皮件買賣商
1	低風險	果菜商(固定攤販)
1	低風險	物理、職能(復健)治療師
1	低風險	花卉商
1	低風險	建築師
1	低風險	律師
1	低風險	研發人員、設計人員、製程人員
1	低風險	美容師
1	低風險	負責人
1	低風險	軍醫院官兵
1	低風險	食品飲料商
1	低風險	家庭主婦

職業等級	職業風險	職務或工作性質
1	低風險	珠寶買賣(不參與加工作業)、珠寶公司內勤人員
1	低風險	退休人員
1	低風險	做月子、育嬰中心工作人員
1	低風險	售票員、售貨員
1	低風險	教師、行政人員
1	低風險	理髮師、造型師
1	低風險	眼鏡商、驗光師
1	低風險	設計師
1	低風險	設計製圖人員
1	低風險	通信器材買賣商、店員
1	低風險	陶瓷器商
1	低風險	傢俱、寢具商(不含安裝)
1	低風險	博物館工作人員
1	低風險	裁縫師
1	低風險	超市、便利商店店員
1	低風險	塔臺工作人員
1	低風險	會計師
1	低風險	當鋪商
1	低風險	經紀人（內勤）
1	低風險	葬儀社負責人
1	低風險	農產品加工業實驗人員
1	低風險	電腦排版工

職業等級	職業風險	職務或工作性質
1	低風險	電腦程式設計師
1	低風險	電影院售票員
1	低風險	僧尼、道士、法師及傳教人員
1	低風險	圖書館工作人員
1	低風險	實驗室育苗栽培人員
1	低風險	漁產加工業實驗人員
1	低風險	算命師
1	低風險	管理員
1	低風險	銀樓商
1	低風險	領檯帶位人員
1	低風險	影片剪接人員
1	低風險	影片商、系統商、頻道商
1	低風險	播音、錄音、配音人員
1	低風險	編曲人員
1	低風險	編劇、電視導播
1	低風險	褓姆
1	低風險	調查局之調查員（不需蒐証）
1	低風險	銷售工程師 (內勤)
1	低風險	學生(不含軍校、警校)
1	低風險	機場櫃臺人員
1	低風險	機關團體公司行號內勤人員
1	低風險	辦事處人員
1	低風險	櫃臺人員

職業等級	職業風險	職務或工作性質
1	低風險	雜貨商
1	低風險	繪畫人員
1	低風險	藥品買賣商
1	低風險	關務人員
1	低風險	警務行政及內勤人員
1	低風險	鐘錶匠
1	低風險	攝影師
1	低風險	觀護人
2	低風險	一般流動、固定攤販
2	低風險	一般看護人員
2	低風險	一般清潔工
2	低風險	一般演員（導演）
2	低風險	大樓管理員
2	低風險	小吃店人員
2	低風險	工安人員
2	低風險	工藝教師
2	低風險	中藥材加工人員
2	低風險	五金商
2	低風險	化妝品製造工人
2	低風險	化學品管人員
2	低風險	化學實驗師
2	低風險	引導參觀工地之服務人員
2	低風險	月臺工作人員

職業等級	職業風險	職務或工作性質
2	低風險	水族館經營者
2	低風險	水電衛生器材商(不含安裝)
2	低風險	火葬場處理人員
2	低風險	加油(氣)站工作人員
2	低風險	包裹搬運人員
2	低風險	外務員
2	低風險	外勤記者
2	低風險	外燴辦桌人員
2	低風險	布袋戲偶操作人員
2	低風險	平地育苗工人
2	低風險	民俗體育活動人員
2	低風險	皮革手工藝品加工
2	低風險	石材商
2	低風險	光電及光學工作人員
2	低風險	印刷工
2	低風險	地毯之裝設人員
2	低風險	地磅工作人員
2	低風險	地質探測員（平地）
2	低風險	成衣（毛衣、針織）代工
2	低風險	收費員、抄錶員
2	低風險	早餐店工作人員
2	低風險	竹木製手工藝品之加工工人
2	低風險	肉販(含流動、固定攤販)

職業等級	職業風險	職務或工作性質
2	低風險	自用大客車司機
2	低風險	自用小客車司機
2	低風險	自助餐工作人員
2	低風險	行李搬運工人
2	低風險	佣人
2	低風險	技師、品管人員
2	低風險	抄錶員、收費員
2	低風險	汽車加氣瓦斯站工作人員
2	低風險	汽車洗車、打蠟美容工人
2	低風險	汽車修理廠引導員(不參與修理)
2	低風險	汽車檢驗員
2	低風險	車站清潔人員
2	低風險	車輛保管人員
2	低風險	車輛器材、用品買賣商
2	低風險	事務機器維修人員
2	低風險	房屋土地仲介
2	低風險	承包商、監工
2	低風險	放射線之技術人員
2	低風險	昆蟲（蜜蜂）飼養人員
2	低風險	泊車人員
2	低風險	法警

職業等級	職業風險	職務或工作性質
2	低風險	物料倉管
2	低風險	花圃栽培人員
2	低風險	品管人員
2	低風險	娃娃車司機
2	低風險	客房服務人員
2	低風險	客運車稽核人員
2	低風險	建材商
2	低風險	洗片工作人員
2	低風險	洗衣店工人
2	低風險	洗碗工
2	低風險	玻璃商
2	低風險	砂石場負責人
2	低風險	苗圃栽培人員
2	低風險	軍校教官
2	低風險	食品加工工人
2	低風險	香燭、紙錢、爆竹買賣
2	低風險	修護廠工程師
2	低風險	倉管人員（不搬貨）
2	低風險	娛樂場所工作人員及負責人
2	低風險	射擊人員
2	低風險	書店外務員
2	低風險	書店送貨員
2	低風險	校警

職業等級	職業風險	職務或工作性質
2	低風險	桌球球員
2	低風險	珠寶加工工人
2	低風險	病蟲害防治人員
2	低風險	神壇工作人員
2	低風險	站內清潔人員
2	低風險	紋身藝術人員
2	低風險	紙盒黏貼工人
2	低風險	紙箱包裝工人
2	低風險	紡紗工人
2	低風險	茶農
2	低風險	送貨員
2	低風險	酒廠化驗人員
2	低風險	陣頭、樂隊人員
2	低風險	高爾夫球球員
2	低風險	健身房、有氧運動教練
2	低風險	排版、製版工
2	低風險	採訪、轉播車司機
2	低風險	採購人員
2	低風險	教練
2	低風險	清潔、打蠟、消毒、除蟲工人
2	低風險	清潔工
2	低風險	一般清潔工人
2	低風險	清艙員

職業等級	職業風險	職務或工作性質
2	低風險	助理導播
2	低風險	球場保養人
2	低風險	球僮
2	低風險	設計工程師（含現場監工）
2	低風險	速食店工作人員
2	低風險	釣魚、釣蝦場經營者、工作人員
2	低風險	魚販(含流動、固定攤販)
2	低風險	勞、健保局調查人員（外勤）
2	低風險	報關人員
2	低風險	報關行外務員
2	低風險	游泳人員
2	低風險	無塵室工作人員
2	低風險	硬體測試人員
2	低風險	跌打損傷治療人員(接骨、氣功推拿)
2	低風險	飯店保全人員
2	低風險	飲食攤販
2	低風險	搬運行李服務人員
2	低風險	業務員、AE 公關
2	低風險	溜冰人員
2	低風險	農夫
2	低風險	農具商

職業等級	職業風險	職務或工作性質
2	低風險	農業技師、指導員
2	低風險	電動玩具店器具維修工人
2	低風險	電動玩具操作員
2	低風險	電視記者
2	低風險	電影院放映人員
2	低風險	電影院服務人員兼餐飲販賣
2	低風險	電影院清潔人員
2	低風險	飼養家禽家畜人員
2	低風險	墓園管理員
2	低風險	歌唱、舞蹈演藝人員
2	低風險	漁產加工業品管員
2	低風險	漁產加工業領班、一般工人
2	低風險	演藝經紀人
2	低風險	監理所路考官
2	低風險	監獄、看守所醫生、護理人員
2	低風險	維護工程師
2	低風險	網球球員
2	低風險	舞蹈教室老師
2	低風險	製藥廠工作人員
2	低風險	製藥廠品管員
2	低風險	製麵工人
2	低風險	廚師

職業等級	職業風險	職務或工作性質
2	低風險	廣告招牌繪製人員（地面工作）
2	低風險	廣告旗幟製作
2	低風險	廣告影片之拍攝錄製人員
2	低風險	撞球球員
2	低風險	樂器安裝組合維修人員
2	低風險	模具設計
2	低風險	模特兒
2	低風險	獎牌紀念品製作
2	低風險	碾米商
2	低風險	調查徵信人員
2	低風險	調酒師
2	低風險	銷售工程師（外務）
2	低風險	鞋匠、雨傘匠、磨刀匠
2	低風險	養鴿、放鴿人員
2	低風險	齒模工
2	低風險	導遊、領隊
2	低風險	導覽解說員
2	低風險	導覽解說員
2	低風險	操作自動ＩＣ工人
2	低風險	操作員(不包括礦場使用者)
2	低風險	機場接送人員、泊車人員
2	低風險	機關團體公司行號外勤人員
2	低風險	燈光及音響效果工作人員

職業等級	職業風險	職務或工作性質
2	低風險	雕塑人員
2	低風險	餐飲補習班教師
2	低風險	戲劇演員
2	低風險	撿骨師
2	低風險	營造廠負責人
2	低風險	環境噴灑工人
2	低風險	壘球球員
2	低風險	檳榔商
2	低風險	櫃檯行李員
2	低風險	殯儀館管理人員
2	低風險	醫院炊事
2	低風險	醫療機械儀器商
2	低風險	鎖匠、刻印章人員
2	低風險	寵物美容師
2	低風險	獸醫（寵物醫院）寵物美容
2	低風險	關務人員
2	低風險	警校教官
2	低風險	警察大學、警察專科學生
2	低風險	警衛、保全人員（內勤）
2	低風險	麵包師父
2	低風險	攝影工作人員
2	低風險	攝影記者

職業等級	職業風險	職務或工作性質
2	低風險	魔術助理人員
2	低風險	魔術師
2	低風險	體育教師
2	低風險	鑰匙加工人員、刻印加工人員
3	中風險	ＣＮＣ操作（電腦雕刻機）
3	中風險	ＩＣ板電鍍
3	中風險	一般工人、作業員
3	中風險	一般軍人
3	中風險	小型客貨兩用車司機
3	中風險	工廠廢棄物清潔人員
3	中風險	公園、道路路燈裝修工
3	中風險	化學原料商、肥料買賣商
3	中風險	木匠
3	中風險	木材工廠品管員
3	中風險	木炭製造工
3	中風險	木製傢俱修理工
3	中風險	木製傢俱製造工人
3	中風險	木雕人員
3	中風險	水產實驗人員(室外)
3	中風險	水塔、化糞池清理人員
3	中風險	水壩、水庫管理人員
3	中風險	火災現場勘查人員
3	中風險	外勤郵務人員

職業等級	職業風險	職務或工作性質
3	中風險	乩童
3	中風險	交通號誌裝設及標線人員
3	中風險	冰塊製造
3	中風險	吊車操作人員
3	中風險	地面導航人員
3	中風險	守望相助人員
3	中風險	污水處理(化糞池/水塔清潔人員)
3	中風險	自來水管裝修人員
3	中風險	自來水廠水質分析員（實地）
3	中風險	行李貨運搬運工人
3	中風險	巡迴演出戲劇團體人員
3	中風險	快遞送貨(機車)
3	中風險	汽車加氣（瓦斯）站人員
3	中風險	汽車輪胎換修買賣、定位
3	中風險	汽車駕駛訓練班教練
3	中風險	垃圾車(司機及隨車人員)
3	中風險	垃圾焚化爐處理人員
3	中風險	承包商（土木建築）
3	中風險	拖吊車司機、隨車人員
3	中風險	果農
3	中風險	油漆製造工
3	中風險	金屬手工藝品之加工工人

職業等級	職業風險	職務或工作性質
3	中風險	金屬手工藝品之雕刻工人
3	中風險	金屬傢俱修理工
3	中風險	保全設備裝設人員
3	中風險	保安警察
3	中風險	客運車司機及服務員
3	中風險	室內消防器材檢測(不含安裝)
3	中風險	室內裝璜人員
3	中風險	室內管線安裝人員
3	中風險	修理保養工人（自行車）
3	中風險	修護廠技工
3	中風險	倉庫管理人
3	中風險	倉管人員（搬貨）
3	中風險	家電用品維修
3	中風險	家電維修人員
3	中風險	捕狗大隊
3	中風險	捕魚人（內陸）
3	中風險	海綿、泡綿製造工
3	中風險	海邊撈魚苗者
3	中風險	畜牧工作人員
3	中風險	送外賣機車駕駛
3	中風險	高週波充氣玩具製造
3	中風險	高爾夫球、乒乓球製造
3	中風險	動物訓練員(非馴獸師)

職業等級	職業風險	職務或工作性質
3	中風險	堆高機駕駛（非航運）
3	中風險	屠宰場工人
3	中風險	採訪車、轉播車駕駛
3	中風險	教練車教練
3	中風險	殺蟲劑製造工
3	中風險	現金運送員、司機
3	中風險	船舶驗收人員
3	中風險	貨運：領班
3	中風險	貨櫃場管理員
3	中風險	陶瓷廠工人
3	中風險	傢俱油漆工（噴漆、烤漆）
3	中風險	傢俱運送、組裝工人
3	中風險	勞工安全檢查人員
3	中風險	測量員
3	中風險	貼瓷磚（室內）
3	中風險	園藝造景人員
3	中風險	塑膠、橡膠射出成型工人
3	中風險	塑膠袋製造、印刷
3	中風險	煉油廠工程師
3	中風險	煉油廠加油工作人員
3	中風險	煉油廠領班
3	中風險	煙、酒製造工人
3	中風險	煙毒勒戒所人員

職業等級	職業風險	職務或工作性質
3	中風險	義警
3	中風險	資源回收站分類人員
3	中風險	農業機械之操作或修護人員
3	中風險	遊覽車司機及服務員
3	中風險	道路清潔工
3	中風險	道路號誌、標誌製造工
3	中風險	電池製造（技師）
3	中風險	電信裝置維護修理工
3	中風險	電氣焊接工
3	中風險	電路板維修工
3	中風險	墓地建造工人
3	中風險	漁塭經營者（親自作業）
3	中風險	監工、領班
3	中風險	監獄看守所管理人員
3	中風險	管線裝修工
3	中風險	精神病科醫師、看護及護士
3	中風險	廢五金處理人員
3	中風險	廢五金買賣商
3	中風險	徵信社外勤人員
3	中風險	標記員
3	中風險	碾米廠操作人員
3	中風險	磅秤員
3	中風險	稽查人員

職業等級	職業風險	職務或工作性質
3	中風險	線割（銅線電子切割）
3	中風險	調查局之調查員（需蒐証）
3	中風險	鞋模製造工人
3	中風險	養殖工人（內陸）
3	中風險	駕駛員
3	中風險	機械修護工人
3	中風險	機場內交通車司機、空橋車駕駛
3	中風險	燃料填充員
3	中風險	磨石工人
3	中風險	餐飲部技工
3	中風險	環保資源回收車司機、隨車人員
3	中風險	環保稽核巡查人員、垃圾車駕駛及清潔隊員
3	中風險	舉重人員
3	中風險	檳榔種植、採檳榔
3	中風險	禮堂佈置人員
3	中風險	舊貨收購人員
3	中風險	醫療器材裝修工
3	中風險	獸醫（動物園）
3	中風險	礦石手工藝品加工人員
3	中風險	礦物油買賣商
3	中風險	籃球球員

職業等級	職業風險	職務或工作性質
3	中風險	警察（負有巡邏任務者）
3	中風險	靈車司機
3	中風險	纜車操縱員
2 或 3	中低風險	工程師
2 或 3	低風險	包裝工
2 或 3	中低風險	技師
2 或 3	中低風險	負責人(需現場指導或實際參與工作)、廠長
2 或 3	低中風險	製造工人
2 或 3	中低風險	領班、監工
3	高風險	酒吧工作人員
3	高風險	歌廳工作人員
4	高風險	工礦安全人員
4	高風險	石材磨光工人(大理石、花崗石)
4	高風險	採石業工人(河床)
4	高風險	採砂業工人
4	高風險	義消
4	高風險	礦業工程師、技師、領班
4	中風險	一般製造工人
4	中風險	下水道清潔工
4	中風險	大小五金製造工
4	中風險	山地造林工人及管理人員

職業等級	職業風險	職務或工作性質
4	中風險	工地看守員
4	中風險	工地清潔工
4	中風險	工廠機器維修人員
4	中風險	化學工程環保人員
4	中風險	引水人
4	中風險	木材儲藏槽工人
4	中風險	水力、火力發電廠工作人員
4	中風險	水利工程設施人員
4	中風險	水電、機電工
4	中風險	水電工人
4	中風險	水電機械工
4	中風險	加添燃料員
4	中風險	平地舖設工人
4	中風險	瓦斯車安裝人員
4	中風險	瓦斯器具製造工
4	中風險	石材切割工人(大理石、花崗石)
4	中風險	石材傢俱製造、修理工
4	中風險	石棉瓦或浪板安裝工人
4	中風險	交通警察
4	中風險	合板製造工人
4	中風險	地質探測員（山區、海上）
4	中風險	寺廟彩繪人員

職業等級	職業風險	職務或工作性質
4	中風險	帆布鐵架架設
4	中風險	曳引車司機、隨車工人
4	中風險	有線電視架式人員
4	中風險	自用貨車司機、隨車工人、小型自用貨車司機
4	中風險	佈景搭設人員
4	中風險	冷凍修理工
4	中風險	快遞司機（貨車）
4	中風險	足球球員
4	中風險	車床工（全自動）
4	中風險	防水工程人員
4	中風險	防腐劑工人
4	中風險	防熱工程人員
4	中風險	拆屋、遷屋工人
4	中風險	拖吊車司機、隨車人員（高速公路）
4	中風險	拖板車司機、隨車人員
4	中風險	放射線之修護人員
4	中風險	鈑金工
4	中風險	油漆工
4	中風險	油壓機操作
4	中風險	泥水匠
4	中風險	空氣調節器之裝修人員

職業等級	職業風險	職務或工作性質
4	中風險	空調風管架設人員
4	中風險	金屬傢俱製造工人
4	中風險	室內消防器材裝修人員
4	中風險	室外裝璜人員
4	中風險	建築機具維修工
4	中風險	挑磚工人
4	中風險	泵浦裝配技師
4	中風險	洗石工人
4	中風險	玻璃、琉璃製造工人
4	中風險	計程車司機
4	中風險	飛機洗刷人員
4	中風險	飛機修護人員
4	中風險	修理及維護工人
4	中風險	修理保養工人（汽、機車）
4	中風險	修路工
4	中風險	修護遊艇工人
4	中風險	捕魚人（沿海）
4	中風險	核電廠工作人員
4	中風險	消防車司機
4	中風險	烤漆
4	中風險	紙箱製造工人
4	中風險	訓犬人員

職業等級	職業風險	職務或工作性質
4	中風險	動物養殖人員
4	中風險	國內泛舟安全人員
4	中風險	排水工程人員
4	中風險	採石輸送帶機器操作人員
4	中風險	推高機操作員
4	中風險	救生員
4	中風險	救護車司機
4	中風險	清潔工（高牆或天花板）
4	中風險	船艙清潔 (船舶靠岸後)
4	中風險	貨運：搬運工人
4	中風險	貨櫃車司機、隨車工人
4	中風險	貨櫃場吊車駕駛
4	中風險	貨櫃製造工人
4	中風險	造紙廠工人
4	中風險	圍牆鐵網搭建
4	中風險	渡輪駕駛員及工作人員
4	中風險	登山嚮導
4	中風險	跑道維護工
4	中風險	鈑金工人
4	中風險	塑膠、橡膠射出成型工人（其他）
4	中風險	搬家工人
4	中風險	搬運、搬家工人司機、隨車工人

職業等級	職業風險	職務或工作性質
4	中風險	搭設舞台人員
4	中風險	煙酒廠機械維修人員
4	中風險	煙酒廠機械操作
4	中風險	綁鐵工、鐵工
4	中風險	義交
4	中風險	道路工程車司機、機械操作員
4	中風險	鉛字鑄造工
4	中風險	電力裝置維護修理工
4	中風險	電池製造（工人）
4	中風險	電信工程設施之架設人員
4	中風險	電機裝配修理人員
4	中風險	電鍍工
4	中風險	飼養人員
4	中風險	管道舖設及維護工人
4	中風險	輕鋼架架設人員
4	中風險	模具工
4	中風險	模板工
4	中風險	碼頭工人及領班
4	中風險	緝私人員
4	中風險	鋁合金鑄造
4	中風險	鋁門窗裝修人員
4	中風險	養殖工人（沿海）
4	中風險	憲兵

職業等級	職業風險	職務或工作性質
4	中風險	擋土牆施工
4	中風險	機械、車輛、飛機、修護人員
4	中風險	機械操作修理員
4	中風險	燈光及音響器材架設人員
4	中風險	聯結車司機、隨車工人
4	中風險	螺絲製造
4	中風險	獸欄清潔工
4	中風險	鏟土機駕駛
4	中風險	警衛、保全人員（負有巡邏押運任務者）
4	中風險	鐵櫃技工
4~5	中/高風險	空手道人員
4~5	中/高風險	近海漁船船員
4~5	中/高風險	柔道人員
4~5	中/高風險	相撲選手
4~5	中/高風險	海釣船人員
4~5	中/高風險	船長
4~5	中/高風險	跆拳道人員
4~5	中/高風險	摔角人員
4~5	中/高風險	遠洋漁船船員
4~5	中/高風險	銅匠
4~5	中/高風險	廚師
4~5	中/高風險	輪機長

職業等級	職業風險	職務或工作性質
5	高風險	大型遊樂場器具維修工人
5	高風險	大樓玻璃帷幕安裝
5	高風險	山地舖設工人
5	高風險	工程卡車司機、隨車工人
5	高風險	戶外廣告招牌製作架設人員
5	高風險	木材搬運工人
5	高風險	水壩工程人員
5	高風險	加油站管線維修
5	高風險	瓦斯分裝工
5	高風險	刑警
5	高風險	吊車司機、隨車工人
5	高風險	曲棍球球員
5	高風險	沖床工
5	高風險	武打演員
5	高風險	建築工程車輛駕駛員
5	高風險	建築工程車輛機械操作員
5	高風險	拼裝車司機
5	高風險	挖土機(怪手)操作員
5	高風險	挖井工程人員（鑽井工人）
5	高風險	海灣港口工程人員
5	高風險	紙漿廠工人
5	高風險	高速公路工程人員
5	高風險	高樓外部清潔工

職業等級	職業風險	職務或工作性質
5	高風險	剪床工
5	高風險	採掘工
5	高風險	液化氣體製造工
5	高風險	混凝土預拌車司機、隨車工人
5	高風險	焊接工
5	高風險	港口疏濬
5	高風險	貼瓷磚（外牆）
5	高風險	煉油廠技術工人
5	高風險	煉油廠管線維修
5	高風險	煙囪清潔工
5	高風險	電力工程設施之架設人員
5	高風險	電臺天線維護人員
5	高風險	電線架設及維護工人
5	高風險	銑床工
5	高風險	橋樑工程人員
5	高風險	機動三輪車伕
5	高風險	機械廠工人
5	高風險	鋸木工人
5	高風險	鋼骨結構架設工人
5	高風險	儲油槽、儲氣槽清理人員
5	高風險	鍋爐工
5	高風險	鐵工廠工人
5	高風險	鐵牛車駕駛人員

職業等級	職業風險	職務或工作性質
5	高風險	鐵屋架設、施工 (搭設鐵皮屋)
5	高風險	鐵塔架設人員
5	高風險	鑄造工
5	高風險	變壓器裝置維修
5	高風險	鷹架架設工人
5	高風險	鑽床工
5	高風險	儲油槽清潔工
6	高風險	民航機飛行人員
6	高風險	民航機飛行空安官
6	高風險	民航機培訓人員(航空公司飛行訓練學員)
6	高風險	伐木工人
6	高風險	冰上曲棍球球員
6	高風險	有關高壓電之工作人員
6	高風險	拆船工人
6	高風險	直昇機飛行人員(含輕型航空器駕駛人員)
6	高風險	空中警察
6	高風險	空巡人員
6	高風險	砂石車司機、隨車工人
6	高風險	核能工作人員
6	高風險	海巡人員
6	高風險	消防隊隊員

職業等級	職業風險	職務或工作性質
6	高風險	起重機之操作人員
6	高風險	救難人員
6	高風險	救難船員
6	高風險	液化、氣化、油罐車司機、隨車工人
6	高風險	船體切割人員(陸上)
6	高風險	森林防火人員
6	高風險	運材車輛之司機及押運人員
6	高風險	碼頭吊車操作人員
6	高風險	橄欖球球員
6	高風險	機上服務員
6	高風險	隧道工程人員
6	高風險	營業用貨車司機
6	高風險	營業用貨車隨車工人
6	高風險	警務特勤人員(維安小組、霹靂小組)
6	高風險	採石業工人(山地)
6	高風險	鑽油井工人
6	高風險	鑽勘設備安裝換修保養工
7	極高風險	火藥爆竹製造及處理人員
7	極高風險	防爆小組
7	極高風險	武器或彈藥製造人員

職業等級	職業風險	職務或工作性質
7	極高風險	軍機駕駛及機上工作人員
7	極高風險	核廢料處理人員
7	極高風險	海上油污處理人員
7	極高風險	特技演員
7	極高風險	特種軍人（傘兵、爆破、佈雷、防爆、負有特殊任務之特勤人員…等 ）
7	極高風險	動物園、馬戲團馴獸師
7	極高風險	從事特種營業服務人員 (吧女、酒女、舞女等)
7	極高風險	採石爆破人員
7	極高風險	硫酸、鹽酸、硝酸製造工、有毒物品製造工
7	極高風險	船體切割人員(海上)
7	極高風險	跳傘人員
7	極高風險	電力高壓電工程設施人員
7	極高風險	廠務管理、廠長
7	極高風險	潛水工作人員
7	極高風險	戰地記者
7	極高風險	賽車人員
7	極高風險	職業潛水夫
7	極高風險	爆破工作人員
7	極高風險	礦工

365 行，請問您選擇哪一類別的工作？

職業種類、報酬與風險都列出來了，請將自己適合的、喜歡的工作圈起來喔！

展翅翱翔吧！

第三章 求職履歷自傳撰寫指引與範本

第一節 履歷自傳撰寫需知

一、履歷自傳撰寫要領

1. 量身訂作、獨一無二、文筆流暢、美崙美奐、親力親為。
2. 學歷以外，還有很多更重要的，例如經驗、個性、能力、證照、先前服務公司規模、擔任職務及職位等。
3. 涵蓋架構：基本資料(正式照片)、學歷、經歷、得獎紀錄、實習經驗、專題報告經驗、工作或工讀經驗、證照....。
4. 詳細寫出自己的優點與適合該職務的特點。
5. 其他：準時、有禮貌、注意聆聽、正式服裝、放慢速度……。

二、履歷自傳撰寫需知與建議

1. 自傳履歷應分屬二份不同文件，而非自傳中涵蓋履歷。
2. 履歷內容建議增加美編與個人特色。
3. 履歷內容建議採項目列舉方式並依優先順序與重要性前後排序，不要只是整段撰寫而並未分項。
4. 自傳建議頁數為 1-2 頁，只需摘錄家庭與學經歷要點與個人特色即可。履歷內容可更詳細，頁數可更多，例如：5~10 頁。
5. 自傳的文筆應流暢且加強條理化與邏輯性，並應言簡意賅。也應強調自己適合這個職位的相關優勢與經驗。自傳內容不需要有太多的補充說明。

第二節 口試需知與常見問題

一、口試需知

不論甄試口試或求職口試，都是現代人需要面對的。依據參與面試經驗，摘列建議如下：

1. 面試前一定要妥善準備與練習，並應留意禮儀及服裝。
2. 服裝一定要正式，千萬別穿牛仔褲、拖鞋、涼鞋或短褲。
3. 強烈建議不要穿著迷你裙(短裙)、低領衣物、休閒服、涼鞋或宴會服。
4. 千萬別因為個人事由而要求公司為您更改面試時間。例如：曾有求職者要求公司配合他在下班後面試或提早一天下午面試。因為他很忙、他要約會、他要出去玩、他要去泡湯。面試主管就跟他說，好好去忙吧！不用來面試了。
5. 簡單自我介紹：有一次，小賀老師去面試，第一個被問到的問題是自我介紹，結果小賀老師介紹了 40 分鐘，雖然很優秀，但是結果卻沒有錄取，因為太冗長了，佔據了太多的時間。
6. 要準備一下簡單的英文自我介紹(英文)，另外外商公司也需要英文自傳履歷喔！
7. 進門前需簡單敲門、問候與回應。
8. 不要插話、不要打斷他人的問題或意見。
9. 音量要足夠適量，不要回答太大聲，也不要太小聲到主管們或師長們聽不到。
10. 回答時應言簡意賅，不需要太冗長。

11. 如果真的不了解，就回答"我需要再了解一下，很抱歉"，不用文不對題的胡亂回答。
12. 咬字清晰、逐字逐句緩慢回答。
13. 保持自然與笑容的心態。
14. 肢體動作可以適當配合，但務必動作微小即可。動作切忌過大、動作勿過度用力，甚至不要因為動作過大而將物品或茶水弄翻弄倒。
15. 不要批評先前服務公司或學校、不要批評主事者或公司/學校主管。

二、常見面試題目(求職)

1. 簡要中文自我介紹。
2. 簡要英文自我介紹。
3. 您對於我們公司有何觀點或了解？您知道我們公司的主要商品及業務嗎？
4. 如何知道這個職缺？您對於這個職位有何了解？
5. 您過去主要負責的工作要項是？
6. 過去工作中，哪一項工作讓您最感到滿意？哪一項工作讓您感到最不滿意？
7. 您的履歷自傳提到您有一些缺點(優點)，可否詳細說明一下？
8. 請問您有考過哪些證照？可以說明一下？
9. 您對於電腦操作與英文能力如何？

10. 您現在的工作，大約管理多少人員，主要負責哪些工作？您的工作，對於公司有何重要性？
11. 對於公司的商品、行政或業務推動，有何建議？
12. 您前一個工作為何離職，離職原因？
13. 為何想要面試這個職缺？您覺得您適合嗎？您有哪些專業與經驗可以勝任？您如果錄取後對於本單位有何貢獻？
14. 錄取後，您何時可以來上班？您期望待遇多少？
15. 有任何問題想要詢問嗎？

三、常見面試題目(大學甄試/研究所面試)

1. 簡要自我介紹？你過去就讀的科系(類組)？
2. 您對於我們科系(所)有何了解？您未來想要學習的專業包含哪些？為何選擇我們科系(所)？
3. 在過去求學過程中，哪一項科目或報告讓您感到最滿意？哪一項科目或報告讓您感到最不滿意、最沒把握？
4. 您 OO 年級的成績較不理想，原因是因為？您哪一科目成績接近滿分，學習過程特別有收穫與興趣？
5. 您在高中或大學期間，您覺得學到哪些？
6. 請問您有考過哪些證照或有聽過哪些相關證照？可以說明一下？
7. 您對於電腦操作與英文能力如何？英文檢定分數？
8. 您目前在實習或服務的公司，主要負責哪些工作？

第三節 自傳與履歷表範例

壹、履歷表範例

一、基本資料

<table>
<tr><th colspan="3">應徵人員專用履歷表~賀冠群</th></tr>
<tr><td>應徵職務：
行銷企劃部經理</td><td>錄取後可報到日
□ 隨時 Anytime</td><td rowspan="4">相
片</td></tr>
<tr><td>工作地點：台北市</td><td>■ 10 月 2 日後</td></tr>
<tr><td colspan="2">中文姓名：賀冠群
英文名字：Michael</td></tr>
<tr><td>出生日期：
71 / 10 / 20</td><td>□領有身心障礙手冊
□原住民</td></tr>
<tr><td>身分證字號 ID number
A 1 2 8 8 8 8 8 8 8</td><td>聯絡電話：
(02)22888888</td><td>手機：
0900-888888</td></tr>
<tr><td colspan="3">國籍：■台灣 □其他 Others________</td></tr>
<tr><td colspan="3">E-mail：Michael.he@abc.com</td></tr>
<tr><td colspan="2">戶籍地址：111 台北市 OOOOOOOOO</td><td>戶籍電話：
（02）22888888</td></tr>
<tr><td colspan="2">通訊地址：111 台北市 OOOOOOOOO</td><td>通訊電話：
（02）22888888</td></tr>
<tr><td>緊急聯絡人</td><td>關係</td><td rowspan="2">聯絡電話：
（02）22888888
手機：0958-888888</td></tr>
<tr><td>陳筱君</td><td>夫妻</td></tr>
</table>

二、學歷

	學校名稱	科系	學位	狀態			修業期間(年/月/日)
				畢業	肄業	在學	
1.	淡江大學	企業管理系	學士	V			88/9/15 ～ 92/6/16
2.	板橋高中	-	高中	V			85/9/15 ～ 88/6/15
3.	育英國中		國中	V			82/9/15 ～ 85/6/15

三、證照/認證資格

	名稱	取得日期		名稱	取得日期
1	人身保險業務員	106 年	4	個人理財規劃人員測驗	101 年
2	導遊證照	104 年	5	會計檢定乙級	100 年
3	勞工安全衛生乙級技術士	102 年			

四、工作及服務經歷

	服務機構	職稱	主要職責	薪資	服務期間
1	焦點行銷顧問公司	專員科長	市場調查研究、主持人	2.8~3.5萬	92/7/1 至今
2	好滋味餐廳	服務生	接待、點餐、送餐	時薪 140 元	89/9/20~90/6/1
3	慈幼社	組長	孤兒院關懷、聯繫	-	88/9/20~91/6/1
期望待遇		NT$ 依公司規定/月薪不低於 6 萬元			

五、語言/專長技能

<table>
<tr><th></th><th>語言</th><th>程度</th><th>專長</th><th colspan="2">摘　　要</th></tr>
<tr><td>1</td><td>閩南語</td><td>■優
□普通
□略懂</td><td>中文輸入</td><td colspan="2">輸入　：微軟輸入法
每分鐘：　30　　字</td></tr>
<tr><td>2</td><td>英　語</td><td>■優
□普通
□略懂</td><td>英文輸入</td><td colspan="2">每分鐘：　45　字</td></tr>
<tr><td>3</td><td>其　他
________</td><td>□優
□普通
□略懂</td><td rowspan="2">電腦技能</td><td>1.文書處理
MS Word
MS Excel</td><td>2.簡報軟體
MS Power Point</td></tr>
<tr><td>4</td><td></td><td></td><td colspan="2">3. ■其他 Others __
JAVA / SQL /Access</td></tr>
<tr><td>5</td><td>駕　照</td><td colspan="4">■機車　■普通小型車</td></tr>
</table>

六、自我描述

1.家庭成員與背景：已婚、育有 2 子、父母已退休。

2.個性與學習力：積極負責且富有創造力與研究能力。

3.興趣：各種球類運動，戶外踏青及海外旅遊、參與慈善活動或心靈成長活動。

4.優點：認真負責，執行力佳。

5.缺點：口才尚可，有待加強。

七、請描述你對未來五年的職涯及學習規劃。

1.行銷顧問業：持續於行銷顧問業工作，以擴展行銷企劃與廣告宣傳實務經驗。

2.學習規劃：工作之餘，有意報考企業管理或行銷相關研究所，以強化專業知識並擴展人脈。

八、其他(曾獲殊榮、處分等)

1.八十八年度班上第一名畢業！ 2.九十年度全國英文演講比賽大二組第三名！ 3.九十二年傑出學士論文獎 –論文主題：Focus Group 焦點團體行銷研究應用於智慧型手機新商品之研究與建議，主辦單位：台遠科技行銷集團
● 是否曾受主管機關、外部機構違紀處份 ■否 No □是 Yes
● 過去是否曾涉及民刑事案件等記錄？ ■無 No □有 Yes
● 是否有遭法院或法務部行政執行署各行政執行處強制執行薪資之命令？ ■否 No □是 Yes
● 是否曾有銀行拒絕往來、存款不足或債信不良之紀錄？ ■否 No □是 Yes

貳、自傳(一)：文章式

冠群生於 71 年，家住板橋區，父親經商、從事零食雜貨買賣，母親則負責家管與店面管理；自幼父母對子女的教養就十分關切與慈愛，令人無比溫馨與感恩。

冠群高中時就讀於板橋高中，求學過程中除成績優異外，尤其對於數理統計能力及文案撰寫能力表現最為優異。因此大學時順利考取淡江大學企業管理系。求學過程，對日後邏輯思考、判斷力及執行力，裨益良多。

冠群並於求學期間參與慈幼社組員及組長工作，從事孤兒院關懷與聯繫服務工作；並利用下課時間於好滋味餐廳擔任服務生，負責接待、點餐與送餐服務，表現良好，屢獲肯定。服役期間，冠群任海軍艦艇補給下士，明瞭獨立完成工作及團隊合作之重要性。畢業後並於焦點行銷顧問公司從事行銷專員，負責市場調查研究並擔任主持人工作，在公司工作經驗已達 7 年。

在待人接物及品性上，冠群積極進取，做事認真負責且創意多，應對能力強、吸收新知快。同時樂心助人，極易與人融洽相處。冠群希望應徵貴公司之行銷企劃經理職務，希望能如伯樂尋馬般獲得制度較健全且願意育才用才的企業親睞，並全力以赴奉獻己力。

參、自傳(二)：項目式

一、家庭背景：

冠群生於71年，家住板橋區，父親經商、從事零食雜貨買賣，母親則負責家管與店面管理；自幼父母對子女的教養就十分關切與慈愛，令人無比溫馨與感恩。

二、求學歷程：

冠群高中時就讀於板橋高中，求學過程中除成績優異外，尤其對於數理統計能力及文案撰寫能力表現最為優異。因此大學時順利考取淡江大學企業管理系。求學過程，對日後邏輯思考、判斷力及執行力，裨益良多。

三、社團工讀與服役：

冠群並於求學期間參與慈幼社組員及組長工作，從事孤兒院關懷與聯繫服務工作；並利用下課時間於好滋味餐廳擔任服務生，負責接待、點餐與送餐服務，表現良好，屢獲肯定。服役期間，冠群任海軍艦艇補給下士，深刻瞭解團隊合作之重要性。畢業後並於焦點行銷顧問公司從事行銷專員，負責市場調查研究並擔任主持人工作，在公司工作經驗已達7年。

四、個性與應徵職務：

在待人接物及品性上，冠群積極進取，做事認真負責且創意多，應對能力強、吸收新知快，同時樂心助人，極易與人融洽相處。冠群希望應徵貴公司之行銷企劃經理職務，希望能如伯樂尋馬般獲得制度較健全且願意育才用才的企業親睞，並全力以赴奉獻己力。

如何才能雀屏中選，

順利錄取工作或錄取喜愛的系所學校呢？

第一關是書面審查：履歷自傳及甄試文件。

第四章 甄試文件撰寫須知與範例

第一節 研究所讀書計畫書範本

壹、修讀動機與規劃方向

一、完成學歷進階夢想與考取專業證照：

大學畢業後投入職場工作及累積實務經驗，因工作表現傑出，一路晉升為科長職。但面臨急速變遷的時代及強大的職場競爭，為能持續有效提升職場競爭力，在職進修絕對是必要的自我投資。因此決定再踏入校園學習，精益求精，並完成學歷進階的夢想。另外，計畫於就學期間內考取 CRM 專業證照(客戶關係管理，Customer Relationship Management)並加強大數據統計分析能力，以增高個人專業價值與優勢。

二、深耕專業領域及融合趨勢：

依聯合國及經濟合作暨發展組織(OECD)相關研究報告顯示，近年來，多數國家面臨國民壽命延長，先進國家人口老化嚴重，台灣面對的老化趨勢更加顯著，可預見台灣與全球對於退休金相關的金融商品之需求更加迫切。此外，網路普及化及手機普及化趨勢下，E 化與 M 化是每位國人所必須面對的科技生活。因此學生計畫融合既有工作上的實務經驗、趨勢潮流與研究方法，將理論與實務結合，以提升專業技能。

三、強化寫作能力與研究能力：

經由學習行銷制度的改造研究計畫過程中，強化寫作能力進而提升邏輯能力與思考整合能力；且因有研究興趣，再加上可就近請教老師，並與同學互相學習成長，勢必能強化研究能力，完成可發表與可執行的學術論文。

貳、修課計畫與報考證照計畫

一、修課計畫：

主要修課計畫列舉如下：

1、研一：行為科學研究方法、企業經營及管理、商品設計專題研究、財務管理專題研究、行銷管理專題研究、全球主要產業現況與未來、風險管理專題研究、會計稅務管理專題討論。

2、研二：員工福利制度與人事管理、大數據應用與金融科技、退休金管理、企業監理、多國籍企業管理趨勢、專題討論。

二、專業證照計畫：

1、研一：銀行內控人員、信託人員證照、壽產險業務員證照、證券高級營業員

2、研二：投資型保險證照、CRM 客戶關係管理證照

參、預計研究主題與進度規劃

預計研究之題目為「**焦點團體行銷研究應用於金融商品之研究與建議**」。以下為分階段之進度規劃：

1、110 年 1 月以前：確定論文指導教授

2、110 年 4 月以前：確定研究論文題目與章節

3、110 年 8 月以前：完成章節 1、2 及文獻探討

4、110 年 10 月以前：提交教授初審

5、110 年 12 月以前：完成章節 3 及 4

6、111 年 1 月以前：完成章節 5 及 6 (結論與建議)

7、最後修訂與論文申請

8、進行口試與修改

肆、總結

學生報考貴所之動機與目的，主要包含深耕專業領域、融合行銷實務並考取證照(金融證照及 CRM 客戶關係管理證照)與提高職場競爭力。透過產業制度現況與改造研究過程，強化寫作能力，進而提升邏輯能力與思考整合能力；且透過就近請教老師並與同學相互成長，累積專業知識並強化研究能力，為自己的生涯再攀升至另一層次。

有理想有目標的人是最帥氣、最美麗的！

第二節 推薦信與專題報告注意事項

為利於讀者參考，因此特別提供推薦信範本及專題報告注意事項給讀者們參考。首先，許多老師長官都要求學生先寫好推薦信，再給老師長官簽名。因此學生撰寫推薦信時，務必要以師長長官身分去撰寫，而且建議寫出學生的具體優勢較佳。

一、師長推薦信範本：師長推薦函

敬愛的評鑑委員：

個人為 OO 大學企業管理系兼任教師，曾擔任劉曉群學生之行銷管理課程教師。

劉生在課堂中學習認真、求學態度佳，學期成績及專題報告成績都名列第一名。另外，劉生已通過勞工安全技術士證照及行銷企劃檢定考試，並能夠力爭上游，持續進修攻讀研究所，該生之求學態度，令人讚賞！

另一方面，劉生於擔任班代期間，溝通協調能力佳，班級管理佳，能夠妥當並有效率地將同學間與班級間問題有效處理與解決，值得肯定。

個人樂於推薦劉曉群至 貴所就讀，也期待未來透過 貴所之培育，能夠讓他再接再勵、持續成長、德才兼備，並能利己利人、服務人群。

推薦人： 賀 OO　　OO 大學老師

二、專題報告撰寫注意事項

1. 選題謹慎並確認研究範圍與限制：研究主題範圍不要太大，因為篇幅有限。
2. 研究架構 1：頁數安排上，攸關研究主題或研究主軸的部分，頁數或篇幅應較多，切勿偏離主題或未能針對研究核心部分加強論述。
3. 研究架構 2：各章節或主題間應彼此鏈結且環環相扣，不應天外飛來一筆般的支離破碎論述或前後矛盾。
4. 格式與字體等要求：標題與次標題、內文大小，字體應統一而且文字大小與間隔應有區別。
5. 字型應全篇統一。
6. 文章前後段或前後文句，應彼此環環相扣，不應風花雪月作文章。
7. 投影片或研究內容，應該與該章節的標題一致，而非偏離。
8. 複製轉貼大陸或其他國家的資訊，請註明出處，並應修訂文辭用語。
9. 內容述及相關法規或統計數據時，務必留意規範或數據的公布時間與範圍，原則上應納入最新的規範或數據。例如：今年的規範或數據是否與所述及的內容存在顯著差異。
10. 結論與建議勿馬虎。
11. 參考文獻應嚴謹填寫。

12. 專題報告時，請勿逐字逐句低頭唸稿，應該就投影片或文件的摘要內容，面向聽眾進行報告。

13. 投影片內容請勿文字過多，應摘錄重點即可。

14. 報告或研究製作人的班級、課程、學號姓名與主題，應仔細填寫。

15. 專題報告或研究，建議能夠有自己的新發現/創見/看法/建議，而非只是複製或引用他人的文獻或網路貼文。

第三節 大學或研究所甄試文件撰寫指引

一、先訂出架構後，再著手撰寫。

二、內容須知：

- 盡量搭配您的專業、科系、優勢、個性，以增加錄取機率。
- 具體、聚焦，否則會不知所云。
- 如果您同時參與二個科系或二所學校甄試，兩個科系的內容應該不同，例如修課計畫不同、報考科系也不同。

三、編排格式一致性

- A4 尺寸。
- 內容分層次，同一層次之文字大小與格式須相同。
- 每段段首統一空二字。
- 同一段內文字應連結在一起，不應有多餘空格。

三、架構章節內容建議

1.封面

- 邊框
- 姓名
- 申請學校
- 畢業學校與科系

2.目錄：

- 各個項目均需列出並標明頁數
- 附錄一、二、三.....

3.內容建議：

- 個人簡介(照片)：1-2 頁表格；畢業照或正式照片(大頭照較佳)、印刷影印後不要模糊不清。需有個人基本資料、就讀學校科系、個人優點與特長、個人自述摘要。
- 自傳(中英文自傳)：1-1.5 頁，須有完整的個人介紹：家庭背景、個性、求學歷程簡介、工作或實習簡介、績優事蹟、休閒活動或社團、未來規劃。主要以求學歷程簡介為主軸；不須撰寫太多求學期間以外的內容。
- 歷年成績單與個人獎懲紀錄。
- 專題作品：品質佳的專題作品可附上，但最好能與甄試科系相關較佳。
- 證照：可摘要列舉後附上代表性證書，與報考科系相關最佳。
- 競賽成果：與報考科系相關最佳；競賽可以是校內競賽或校外競賽皆可。
- 學習計畫書：考取後預計之讀書計畫。建議區分年度，可區分二~四個項目。架構範例如下：

■ 第 1~2 年的學習計畫

- 學習主軸：搭配修課課程計畫與大綱。例如：統計學、行銷管理、顧客關係管理、資訊安全與科技。

- 證照報考、技能學習與準備計畫。例如：報考行銷相關證照。

■ 第 3~4 年的學習計畫

- 我的學習主軸：搭配修課課程計畫與大綱。例如：行銷企劃專題報告、電子商務研究等。
- 我的證照報考與準備計畫，例如：預計參與 CRM 證照培訓與檢定。
- 實習或專題計畫：例如：預計參與行銷顧問公司的實習合作計畫。
- 畢業後的就業規劃：例如：預計服務於行銷顧問公司。

4.結論

- 可摘錄寫出自己的心得並再次強調自己的優勢與對於甄試科系具有濃厚的就讀意願。
- 誠懇地感謝老師們的審閱並希望能夠給予學生一個進一步提升專業的機會。

附錄一：張 OO 的大學甄試文件範本

一、高中(職)在校成績證明

A0651R 成績類別:Ⅱ前成績

臺北市[redacted]高級中學 申請入學成績證明書

列印日期：107/03/15
列印時間： 10:15:57

學號	[redacted]

科目名稱	高一上學期							高一下學期							高二上學期							高二下學期							高三上學期							高三下學期						
	分數	班級排名	類組排名	年級排名	班級百分	類組百分	年級百分	分數	班級排名	類組排名	年級排名	班級百分	類組百分	年級百分	分數	班級排名	類組排名	年級排名	班級百分	類組百分	年級百分	分數	班級排名	類組排名	年級排名	班級百分	類組百分	年級百分	分數	班級排名	類組排名	年級排名	班級百分	類組百分	年級百分	分數	班級排名	類組排名	年級排名	班級百分	類組百分	年級百分
國文	66	36	149	312	71	54	63	69	47	139	386	87	87	78	64	43	259	356	81	79	73	63	41	267	387	86	87	79	68	36	247	343	77	82	71							
英文	60	39	181	409	77	70	82	60	48	147	363	89	92	73	60	45	274	393	85	83	81	60	40	247	368	83	80	76	65	34	236	347	72	78	72							
經典文學選讀																																										
數學	83	14	41	81	27	16	17	78	14	41	79	25	26	16	79	15	85	98	27	28	20	73	15	150	181	30	49	37	73	22	107	209	46	55	43							
公民與社會	81	36	143	159	71	56	32	78	27	80	144	50	50	29	79	42	190	264	79	58	54	74	32	197	276	66	64	57	78	20	124	181	42	41	38							
歷史	77	26	113	176	51	44	36	80	30	88	144	55	55	29	67	40	225	301	76	68	62	72	33	157	227	69	51	47	69	23	153	223	48	51	46							
地理	77	24	101	162	47	39	33	80	36	108	184	67	68	37	85	34	125	148	64	38	30	86	15	83	102	30	27	21	71	23	146	212	48	48	44							
基礎物理	82	27	85	115	53	33	23	62	36	164	200	67	65	53	64	33	202	292	62	61	60	82	18	102	150	37	33	31														
物理																													80	23	163	191	48	54	40							
基礎化學	83	21	62	124	41	24	25	74	29	83	159	53	52	32	73	19	112	152	35	34	31	86	13	45	48	26	15	12														
化學																													82	23	156	176	48	52	37							
基礎生物	89	14	49	63	27	19	13	78	32	92	174	59	58	35	80	33	132	132	62	41	41	78	31	197	197	64	64	64														
生物																													82	26	165	165	55	55	55							
生實	89	14	49	63	27	19	13	78	32	92	161	59	58	35																												
地球與環境								68	16	63	132	29	30	27	73	38	225	289	74	68	57	68	31	178	229	64	58	47	85	22	151	172	46	50	36							
物理實驗	82	27	85	115	53	33	23	62	36	104	232	67	65	51	64	33	201	234	62	61	58	82	18	102	117	37	33	30														
化學實驗								74	29	83	150	53	52	33	73	19	112	124	35	34	31	86	13	46	49	26	15	13														
音樂	60	45	243	478	89	94	96	66	45	142	305	84	89	74																												
美術															83	41	264	378	77	89	77	88	17	76	122	35	25	25														
家政	84	36	127	127	71	49	49																																			
[redacted]																																										
英語會話																													76	37	229	314	79	73	65							
國際通識																																										
全民國防	87	28	109	294	55	43	59	88	10	14	99	17	9	20	78	47	288	383	89	87	81																					
實彈射擊								100	1	1	1	1	1	1																												
健康與護理															84	51	305	439	97	93	90	89	41	259	378	86	84	78														
資訊科技	73	28	92	219	55	38	44	64	45	138	309	84	87	75																												
生命教育																						85	42	230	366	88	75	75														
學業成績	76.6	30	106	220	59	42	44	73.2	36	108	219	67	68	44	71.7	33	194	257	62	59	53	74.8	31	180	245	64	61	50	74.5	27	194	241	57	64	50							
總人數		50	258	496					53	159	496					52	330	490					47	308	489					46	303	496										

二、簡歷與自傳(學生自述)

(一)簡歷

<table>
<tr><td>姓名</td><td>張OO</td><td rowspan="4">照片</td></tr>
<tr><td>性別</td><td>男</td></tr>
<tr><td>出生日期</td><td>O年O月O日</td></tr>
<tr><td>Email</td><td>OOOOOOO@gmail.com</td></tr>
<tr><td>畢業學校</td><td colspan="2">台北市立OO國中
台北市OO中學數理實驗資優班</td></tr>
<tr><td>社團幹部</td><td colspan="2">熱門音樂社社員
國際扶輪社少服團</td></tr>
<tr><td>學生幹部</td><td colspan="2">資源回收股長（高一上）
風紀股長（高二上、高二下）</td></tr>
<tr><td>擅長科目</td><td colspan="2">數學、物理、化學</td></tr>
</table>

獲獎紀錄	● 101年 台北市模範學生 ● 103年 台北市優良學生 ● 104年 敬師卡製作比賽第三名 ● 105年 學業進步獎 ● 105年 大隊接力決賽第一名 ● 高中獲獎紀錄：小功3次、嘉獎10次
特殊經歷	● 游泳檢測通過 ● 富邦馬拉松 9km 完賽 ● OO化學創意競賽 ● OO大學材料科技研習營 ● 熱門音樂社成果展

(二)自傳

《多元興趣探索》基礎人格養成

您好，我是張 OO，目前就讀於 OO 中學，家中有四位成員，父親於金融保險業從事精算工作，從小有關數理方面問題，父親皆能教我如何在數學領域得到學習的樂趣，也讓我奠定數理方面的基礎。母親原是財務軍職曾服務於國防部官職退休，母親對我的性格影響甚大，教導我如何在一個團體中做好自己本份，嚴守紀律、克盡職責。我是家中長子，從小就養成了獨立自主的性格，在成長過程中，父母親的身教言教，一直有著舉足輕重的影響。他們總是提醒我，做任何事都應該謹言慎行，全力以赴！感謝父母對我的勉勵與關愛，讓我在求學及工作的各階段都受用無窮。

我還有一位小我三歲的弟弟，我們一起研究功課、打籃球、討論 NBA 戰況、戰術。從小父母就培養我們接觸各種不同領域的知識，在小時候對樂高玩具非常有興趣，常常自己堆東堆西，透過這樣的探索，發現自己對於結構鏈結有著一定的靈敏度，讓我能在學習化學時奠定更好的基礎。

《興趣．定志》

我目前就讀台北市立 OO 高中數理資優班，在高中三年經歷了許多活動和比賽甚至從課業的成就或挫折中，我認為我具備了耐心和細心的特質，發現自己對於化學有濃厚的興趣，加上高中化學成績也較為突出。此外，高中班級導師是化學老師，在學習化學的過程上替我解答疑問，給予我許多幫助，我很感謝她的提攜，在高一升高二的暑假，我參加了清大材料科技研習營，除了學習如何與別人溝通和表達自己，也初步認識大學生活，學到了許多科技工業和管理的相關知識。我總是希望把事情做到好，也會努力付出一切時間和心力去完成，今年也和同學代表學校參加了鍾靈化學創意競賽。

OO 大學的校訓-誠、愛、精、勤是希望以培養優秀的醫學人才，研究高深的醫學知識，以提升醫療品質，使國人獲得最佳之醫療照顧並尊重每位病患應有之權益為宗旨，這正是我所想爭取進入學習的學校。

此外因應現在跨領域科技產業人力結合，我期望除了能在大學時期專業的知識技能，充實自己在醫學相關知識領域的見聞，對日後投入化學相關產業時，更能與生命科學或健康醫學領域結合，貢獻在自己應用化學領域上的專長，同時具有醫療背景與專業化學應用在醫療保健的跨領域人才將是未來所必需的。期能進入貴系就讀，為社會做出卓越貢獻。

三、讀書計畫

(一)近程計畫(學測後~大學開學前)

● 相關學科知識

將高中生物、化學及英文的課程再次複習熟讀，尤其是高三課程，作為大學銜接課程紮實基礎，加強本身自然科學領域所需素養。

● 加強英文能力

未來大學專業領域將會接觸許多原文書籍，積極準備中高級英檢及多益，以增進對未來對原文教材的理解。

(二)中程計畫(大一及大二時期)

● 加強必修基礎科目學習

將致力於必修科目的學習穩固根基，並習得操作實驗分析結果及處理問題的能力，以求理論與實務並重。

● 環島增廣見聞

透過這樣的方式來增進自己的見聞，開闊自己的視野，更深入瞭解這塊美麗的土地，同時觀察人地互動與醫療化學的應用，紀錄值得學習及改善的地方，未來與教授及同學們討論，方便與理論結合。

● 積極參與社團生活

大學時期積極求取專業知識，除此之外課餘時間也能兼顧社團活動，學習團隊合作、人際溝通與解決問題的能力。

(三)遠期計畫(大三至大四時期)

此時期將是選擇繼續深造或邁入社會的備戰期，將培養專業整合能力，積極參與教授研究計畫機會及學習團隊精神，獲得實務工作之技能及獲取專業知識。若能進入研究所深造也是個人未來選項之一，將努力朝向專業化學應用在醫療保健，盡己之力回饋社會是我未來努力的重點 。

四、英語能力檢定證明

1.全民英語能力分級檢定-中級

GEPT 初試通過證書
LTTC全民英檢 Certificate of Achievement

姓名 Name [redacted]
身分證件字號 ID. No. [redacted]
級數 Level：中級 Intermediate
測驗日期 Test Date：2016/08/13

茲證明上列應試者參加「全民英語能力分級檢定測驗」(「LTTC全民英檢」)已達上列級數初試(聽力及閱讀能力測驗)通過標準。「LTTC全民英檢」係教育部補助研發，由財團法人語言訓練測驗中心主辦。

This is to certify that the person whose name appears on the above has passed the Listening and Reading Tests of the indicated level of the General English Proficiency Test (LTTC GEPT). The LTTC GEPT, a testing system developed with the support of the Ministry of Education, is produced and administered by the Language Training and Testing Center (LTTC).

核發單位 Issuer：LTTC 財團法人語言訓練測驗中心 The Language Training and Testing Center

執行長 蘇以文
I-Wen Su, Executive Director

發證日期 Date of Issue：2018/03/22
發證號碼 Serial No.：CI037910

Invalid without LTTC Seal & Authorized Signature

2.大考中心英文聽力-A 級

大學入學考試中心107學年度高中英語聽力測驗第二次考試
考生成績通知單

姓名	[redacted]	應試號碼	43009433
測驗日期	106 年 12 月 16日	身分證號	[redacted]
等級	A		
備註			

註：等級說明請見背面

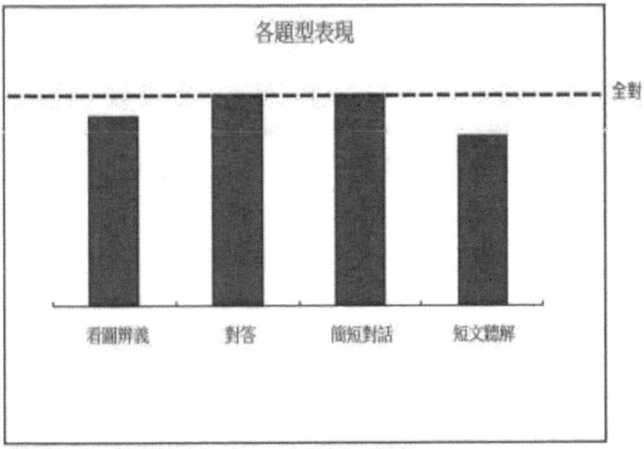

長條圖代表你在各題型的表現，上方的虛線代表該題型全對。

說明	1. 各題型表現為考生在各題型之成績表現；考生違規時，以違規扣分前成績計算其表現。 2. 考生缺考時，無法計算各題型表現，故不列出。 3. 考生使用點字、盲用電腦、電子試題word格式搭配螢幕報讀軟體(NVDA)時，免考看圖辨義題型，故不列出該題型表現。

五、其他有利審查資料

1. 鍾靈化學創意競賽

就讀 OO 高中實驗資優班，擅長自然科的人才濟濟，在競爭的環境下更激發我對自然科學的興趣，化學學期成績表現最為突出，也代表學校參加鍾靈化學創意競賽。

淡江大學
化學系
2018 鍾靈化學創意競賽
CHUNG-LING CHEMISTRY CREATIVITY CONTEST

參賽證明書

[redacted] 同學

於 2018 年 3 月 10 參加鍾靈化學創意競賽

特此證明

淡江大學化學系主任

[redacted]

中華民國 107 年 3 月 10 日

2.清華大學材料科技研習營

在高一升二的暑假，我參加了清大材料科技研習營，除了初步認識了大學生活外，也學到了很多科學工業和管理的相關知識。

在六天五夜的營隊裡，我們編了自己小隊劇、參觀瓶裝水工廠和挑戰了無數的團康遊戲。其中印象最深的是有關海洋生物的材料中，介紹的海綿矽質纖維，海綿的針狀骨由二氧化矽和少量蛋白質所組成，有洋蔥狀的多層微觀結構，使用時不僅有著可以阻擋一般的裂縫擴大，更有著韌性極佳不易斷裂的特性，經常使用在強化玻璃中，誰能想到海綿能有這麼大效用，這也讓我對於基礎科學有著更大的興趣。

我除了結交來自全台各地的高中朋友外，也和大學生隊輔們成了好朋友，這次營隊也在我高中生涯留下美好回憶。

結業證書

恭喜[redacted]同學

於民國一百零五年七月五日至十日參加第二十七屆國立清華大學早晨的蛋餅材料科技研習營，於營期間表現優異並且順利完成六天的課程及活動，特頒此狀以表嘉許。

國立清華大學

第二十七屆材料科技研習營

中華民國一百零五年七月十日

國立清華大學
材料科學工程學系
MSE NTHU
Department of Materials Science and Engineering

3.社團參與及得獎紀錄

B0462R2

臺北市[redacted]學生在校具體條件證明書

列印日期：107/03/05

列印時間： 08:08:43

[redacted]學就學本校期間具體表現如下：

	學年期	具體事實
社團參與	104學年度第1學期	主要社團：熱音社vocal組（社員）
	104學年度第1學期	主要社團：城中扶少團（團員）
	104學年度第2學期	主要社團：熱音社vocal組（社員）
	104學年度第2學期	次要社團：城中扶少團（團員）
競賽成果		
學生幹部	104學年度第1學期	資源回收股長
	105學年度第1學期	風紀股長
	105學年度第2學期	風紀股長

獎勵紀錄	獎勵日期	獎勵內容	具體事實
	104/10/23	嘉獎1次	生活秩序評比績優（二～四週）
	104/11/25	嘉獎1次	校慶期間擔任服務工作負責盡職
	104/12/23	嘉獎1次	擔任伴奏或負責編舞等事宜用心負責
	105/01/04	小功1次	擔任幹部表現良好
	105/01/04	嘉獎1次	週記寫作認真
	105/02/19	嘉獎1次	生活秩序競賽前六名(18-20週)
	105/02/19	嘉獎1次	生活秩序競賽前六名(18-20週)
	105/12/08	嘉獎2次	服務熱心、長期協助
	106/01/06	小功1次	擔任班級幹部表現良好
	106/06/13	小功1次	擔任班級幹部表現良好
	106/06/13	嘉獎2次	連續3週秩序前三名(第9-12週)

學生事務處

4.熱門音樂社成果—迎新成果發表會

這是我們升上高二後第一次要獨自自己完成的第一場大活動，從場地 內容……都是我們經過一次又一次的討論和吵架之後才做出來的，經費也是我們親自去補習班洽談贊助而好不容易才能完成的第一場演出。

透過這次的經驗，我了解到如何在團體中分工合作，適時的提供意見，每個人該在乎的不是自己而是熱音社這個團隊，也許這不是我們最好的一次表演，但對我們來說一定是體悟最多的一場表演。

[redacted]

獎狀

茲表揚 臺北市私立延平高級中學
熱門音樂社22屆 ，參與2016年
"延平熱音22屆獨立迎新"
成發演出活動，表現傑出，
特頒此狀，以茲鼓勵。

備註：
為鼓勵同學們之優異表現，
本屆社團於一學年內持本狀至
杰克艾創展演館登錄演出，
即可折抵本場地場租新台幣 [redacted]

中華民國 105

5.特殊表現--台北市優良學生

臺北市政府獎狀

府教國字第10335021600號

本市[redacted]國民中學
學生[redacted]選為本市103學年度
第一學期優良學生特頒此狀以資鼓勵

市長 郝龍斌

中華民國 103 年 12 月 16 日

TAIPEI CITY GOVERNMENT
CERTIFICATE OF EXCELLENCE

[redacted]

for being a model student

Mayor of Taipei
December ,2014

附錄二：曾 OO 的研究所甄試文件範本(摘錄)

國立 OOOO 大學 106 學年度 OOOO 所碩士班甄試

壹、 自傳

一、家庭背景

我來自臺北市一個溫馨、和諧的家庭，父親為一建設公司之高階主管，母親是國稅局公務員，家境小康，父母親採取威嚴與民主並行的管教方式，但對我的關愛更勝於責備，讓我從小就在溫暖、無憂無慮的環境中成長，自幼稚園至高中的求學階段也相當順遂。

二、個人特質與興趣

因為家中是四代同堂的緣故，讓我體會到敬老尊賢、關懷他人的重要性，也養成我**樂於助人，負有責任感的個性**。每當我要對事情做決定時，父母總是會向我分析事件的因果關係與輕重緩急等，逐漸培養出我理性思考的能力，且也會適時尊重並支持我的想法，讓我形成與他人討論並聆聽他人想法後，共同歸納結果的溝通能力，教育我成為一個**成熟穩重且具團隊精神**的人，建立了我在待人處事與課業學習上的良好價值觀。

我主要的興趣是騎單車，時常一有空就會到外面騎著單車去兜風，放假時也會在清晨沿著河邊的自行車道騎車，享受晨間日光的舒適的空氣，使身心放鬆，減緩日常生活與課業上的壓力。

三、求學歷程

從小即有負責任的個性，**因此我認為在學業成績上表現突出就是我負責任的態度，故對於自我的要求也相對較高**，自小學起成績也都名列前茅。我畢業於臺北市立麗山高級中學，該校以自然科學研究與專題研究課程之教學著稱，使得我在高中時期得以接觸現代科學研究之方法，了解如何去設計並進行一項研究，開啟了我對於科學研究的興趣，高中時期的研究也曾獲得**臺北市中學生獎助計畫之佳作**。此外，因為對於化學學科有著濃厚的興趣，成績表現也相對突出，因此在升大學考慮各校系所時皆以化學相關學科為主要考量，最後選擇至高雄 OO 大學醫藥暨應用化學系醫藥化學組就讀，希望能在自身化學的基礎上，更向醫藥生技方向擴展，學習更多有關醫藥合成與藥物設計等相關領域，以研發合成新穎藥物為志向。

高雄 OO 大學學風純樸、運動風氣盛行，社團活動豐富多元，我在大一、大二期間參加系上的排球隊，社團活動則參加熱舞社，使自己在讀書之餘也能適時的運動。同時也在大一、大二加入系學會，在大二時也曾擔任系上迎新宿營活動之行政長，籌畫並處理活動之行政相關事務，了解與學習如何策劃活動與組織運作，更重要的是訓練自己與他人合作溝通的技巧。醫藥化學組主修有機、生化相關領域，在修完大一基礎共通科目，與大二的有機化學、生物化學後，大三更是習得了醫藥品合成化學、藥物化學、藥理學等與醫藥化學有關的課程。

另外，我也曾選修生理學、微生物學等生物方面之課程。大學是一個充滿知識的學術殿堂，讓我能有更多的時間與資源去學習主修的科目，增進自己在專業科目上的知識，更加充實自我，故因此督促自己，即使在大學也要將成績保持在一定的水準之上，**自大二下起已連續三學期皆為班排第一，歷年排名則為第二**，以證明自己在專業領域上有所精進。

在二升三的暑假，我選擇了進入**曾OO老師**與**陳OO老師**的**藥物化學與醫藥合成實驗室**進行我的專題研究，期許自己能在該領域有更加深入的認識，並正式開始進行醫藥化學之相關研究，且在學長姐的帶領之下，對於基本實驗的設計、儀器的操作、論文期刊的查詢已具有初步的了解與認知。我們實驗室主要以開發合成各式新穎抗癌、抗病毒、抗登革熱之小分子藥物為主要任務，而我所參與之部分為合成 hexokinase II 抑制劑作抗癌藥物之使用，主要是設計並合成 pyrazolyl-thiosemicarbazide derivatives 之化合物，探討其是否具有 hexokinase II 抑制劑之功用，並對此計畫進行實驗的操作與相關期刊之閱讀，而此專題研究也**通過 106 學年科技部大專生研究計畫之認可**，目前繼續執行中。

另外，我在大學時有申請攻讀**創新醫藥科技與管理學分學程**，使自己在專業領域之外，更加涉略管理學、經濟學、智慧財產權等相關知識，以利日後面臨職場上之所需。而我在大二時曾擔任系上之總務股長，大三時更被系上選為在校生代表發表畢業祝詞，未來大四也將擔任系上之畢業委員。

四、未來目標

在未來就讀研究所期間，主要以繼續攻讀醫藥化學、有機化學、生物化學等相關之領域與課程為首要目標，以增進自己的專業能力，此外，也會善用時間來不斷提升自身之英語能力，除為因應課程內容、閱讀國外期刊、發表研究成果之所需外，未來也不排除至海外的大學繼續升學，因此希望以達到托福成績 95 分以上為研究所畢業前的目標，才能具申請國外一流大學之初步資格。在完成學業之後，主要以成為各製藥相關企業或生技產業之藥品研發人員、合成人員、研究員為首要目標，期許以自身之專業，研發出對世人有益之藥物，造福病友，回饋社會。

五、研究所報考動機

醫藥合成、藥物化學等科目在大學部之所學皆以基礎概念介紹和簡單的合成策略與設計居多，更深入的探討可能涉及高等有機化學、藥物設計開發等相關的研究所課程。且貴所更應用現代的分子細胞生物學之知識與技術，探討各種疾病之機轉，以作為藥物開發之基礎。縱使我在生物領域相關背景較為薄弱，但我仍**秉持積極認真的求學態度**，吸收更多分子生物學、細菌學、免疫學、蛋白質生化學等科目之相關知識，結合生物醫學和化學來拓展我對於藥物開發領域的專業知識，因此我相信透過進入貴所就讀並接受貴所之訓練，加強自己在生物藥學相關學科上的專業能力，並更加精熟實驗的操作流程與細節，且積極培養自己在於研究計畫的構思、設計，和論文發表等能力，使未來自己在面臨求職時，能向雇主證明自己具有獨當一面的研究能力與設計藥物之技能。**國立 OO 大學**以專精於第三類組領域、生醫方面而聞名，校風優良、設備齊全、資源豐富，師生優良的表現皆獲國內外學術界之肯定，種種優越的條件，造就我強烈的就讀動機。**進入"國立 OO 大學生物藥學所碩士班"就讀是我所殷切期盼、達成夢想的第一步，希望貴所能給學生曾同學一個機會，邁向生醫界最優秀的學術殿堂。**

貳、 進修計畫

自錄取至碩士班開學仍有一段空閒的時間，我將會把握時光，為將來可能會在研究所所面臨到的挑戰先奠定好基礎，不斷充實自我，精益求精。為完成上述之未來目標，故規劃進修計畫如下:短期-自我充實、中期-強化專業、長期-展望未來。

時間	目標	規劃
短期 (大四下至碩一) 自我充實	深化理論基礎與實驗操作	1. 持續在實驗室學習，藉由老師和學長姐多方接觸不同功能、結構藥物之設計，並大量閱讀相關期刊文獻，如：Journal of

時間	目標	規劃
		Medicinal Chemistry, Bioorganic & Medicinal Chemistry Letters 等。 2. 持續複習有機化學、生物化學、藥物化學等基本學科，穩固自身之基礎。 3. 透過書報討論的課程，加強自己在論文資料彙整與上台報告及面對問題的能力。
	加強生物學科相關知識	複習生物學、生理學、微生物學等生物相關學科以加深自己在生物相關之背景知識。
	增進英文能力	持續學習英文，主要做聽力與口說之訓練，以準備未來研究所全英文之授課方式，並訂定考取多益金色證書為目標。
中期(研究所期間)強化	確立研究方向	和師長確定未來的研究方向，專注投入於研究題目中，並盡心盡力完成老師所指派之任務。
專業	增進專業知識	認真學習研究所之各項課

時間	目標	規劃
		程，並以取得不錯的成績為目標。
	提升研究能力	精進實驗技巧，強化儀器操作與數據處理與分析能力，並大量閱讀相關期刊，使自己在面臨研究上的問題時能獨當一面。
	積極參與研討會	積極爭取參與各項研討會，如藥物化學年會，以及國際學術研討會之機會，增廣見聞，了解目前藥化領域之最新趨勢。
	盡早完成研究計畫	於碩二能盡早完成並整理實驗之結果與數據，以能開始著手於畢業論文之撰寫。
	強化英文能力	持續學習英文，以碩二期間取得托福95分以上為目標。
長期	繼續進修	考慮是否出國進修。
(研究所畢業後)展望未來	投入職場	在學期間掌握就業相關資訊，學成後投入職場以新藥研發人員、合成人員、研究員等為求職之志向。

時間	目標	規劃
	維持英文能力	持續學習英文，許多職缺仍會要求英文門檻，甚至是以英文做面試，或是在工作時使用英文，因此應使自己的英文保持在無時無刻都可流利使用的狀態。

新藥開發，結合了生物與化學兩門知識如此浩瀚的學科，學海無涯，生物科技的技術更是日新月異，不斷地在突破創新，化學的世界更是千變萬化，新穎的合成方法也如雨後春筍般地被快速發明。我深知藥物開發之困難，對於生物與化學的知識必須相當嫻熟，才能善加應用，找出最有可能通向成功的那條路。我相信我對於醫藥化學的熱忱，能使我不斷精進，具有勇氣與能力面對未來的一切困難。

因此，學生決定選擇**國立 OO 大學生物藥學所碩士班**為自己的下一個里程碑。機會是留給準備好的人，而我已全力以赴、做好準備面對未來的挑戰，懇請諸位教授評審委員們，能給學生曾同學一個至貴所深造機會。

參、實驗室經歷

一、實驗室生涯

在二升三的暑假，我加入了進入**曾OO老師與陳OO老師**的**藥物化學與醫藥合成實驗室**，感謝兩位老師對我的指導和學長姐們在實驗上帶領，讓我可以順利參與實驗室工作，經過這一年來的學習與努力，以下大致是我目前學會的實驗技巧與儀器之操作：

1.配置管柱、管柱層析、萃取、操作旋轉濃縮儀。

2.具備獨立操作核磁共振儀（Nuclear magnetic resonance）的能力，並能解析基礎的光譜。

3.學會使用紫外光-可見光分光光譜儀(Ultraviolet-Visible spectrometer)。

4.學會使用傅立葉轉換紅外光譜儀(Fourier-transform infrared spectrometer)。

5.學會使用微量熔點測定儀（Micro-melting point apparatus）。

6.學會使用ChemDraw程式繪圖。

7.學會使用SeO_2行氧化反應。

8.學會使用MnO_2行氧化反應。

9.學會使用Grignard reagent，並可自行製備。

10.學會Vilsmeier-Haack reaction。

11.學會使用Phenyl ether-biphenyl eutectic (Dowtherm)於反應做熱傳遞介質。

二、實驗室心得

時至大四，回首已發現自己也參與實驗室有一年多的時間。實在是很感謝曾OO老師與陳OO老師能讓我加入其實驗室，提供資源充足、設備完善的研究環境，讓我可以順利進行研究活動。記得在大一大二時皆有修得化學實驗課程，並結合在課本學習到有關於實驗的知識，讓我已對研究工作有了一番想像，但在加入實驗室並親手實作後，才發現實驗的工作並不像實驗課和書本上描述的這麼簡單，實驗操作的技巧和許多眉眉角角都是透過學長姐傳授加上自己親自操作才能體會出來的，並透過不斷的實作、訓練，才能慢慢的熟悉不同器具和實驗手法的操作。

成功是偶然，失敗是必然，在做實驗的過程中，失敗是時常發生的事，因此我也會感到有些氣餒，覺得這段時間的辛苦是否白費。但透過師長和學長們鼓勵，讓我了解到做實驗就是要有永不放棄的精神，重新找方法再繼續做看看，因為實驗就是不斷的 try and error，每次嘗試的方法不可能一定成功，否則毫無實驗的意義可言。

從錯誤中不斷嘗試、然後學習、重新修正、再出發，才是做實驗的目的。失敗並不可怕，讓自己有勇氣去面對，思索失敗的原因，找到更好的方法繼續走下去，是我這一年來做實驗的體悟，這不只限於在實驗上，更可以是一種人生哲學，讓我更有勇氣、更有智慧去面對未來的一切困難，使自己成為一個具自信心、勇於挑戰的人。

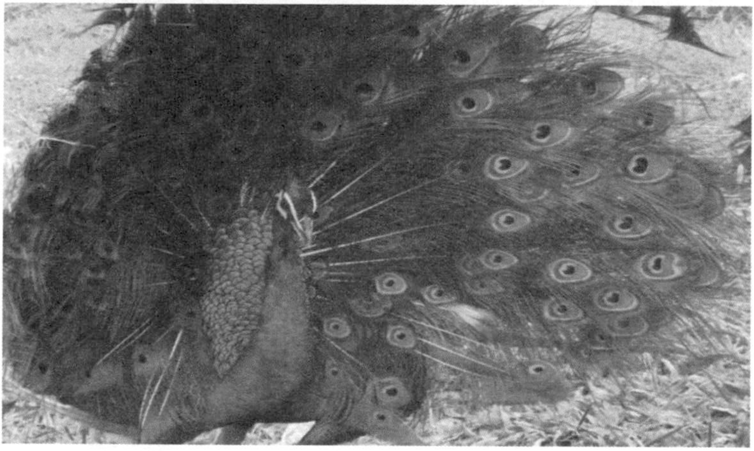

目標明確後，就勇敢地起飛吧！

擇日就能大展鴻圖！

奮鬥努力的過程，記得要先將自己的心理建設好！
將心中的煩惱障礙洗滌清淨！

附錄三：創業須知與創業企劃書範例

一、創業須知

- ⦿ 您的心態(心念、理念與態度)，決定您的高度與成功。
- ⦿ 留意經營風險：有位朋友曾經為了獲利四百萬的工作機會評估過，但該工作卻有法律風險(違反法令)。雖然被查處的機率不高，但考量違反職業倫理道德、避免身敗名裂，因此後來就放棄了哪個工作機會，還好他放棄了。另外，投資風險與行政作業風險也需要留意喔。
- ⦿ 創業成功需具備專長與需求：配合資源、配合時間與家庭、配合趨勢與需求、配合老人與科技趨勢，例如：推拿、整脊、看護、多元餐飲、新科技商品、老年商品。
- ⦿ 創業不易，創業要成功，許多面向都需要兼顧，列舉如下：
  - ■ 資金。
  - ■ 技術。
  - ■ 店面或營運地點。
  - ■ 人員離職率低且人力足夠。
  - ■ 商品受歡迎。
  - ■ 商品品質佳。
  - ■ 服務品質佳。
  - ■ 耐心、賣力並熬過虧損期。

二、經營餐飲業之創業企劃書範例

(一)SWOT 分析

1.優勢：

- 活潑、喜歡與客人聊天
- 中餐料理能力佳
- 中餐原物料採購能力佳
- 熟悉餐廳作業流程、電腦技能佳
- 外語能力好
- 財務算術能力佳

2.劣勢：

- 每天都需要充足睡眠且每週需要就醫追蹤
- 資金只有一百萬
- 不太懂得採買生財設備
- 義大利與日式美式料理能力差
- 咖啡、茶、甜點等副餐的製作與作業細節不了解
- 不太懂得記帳
- 不太懂得開源節流與定價
- 不熟悉店鋪選擇技巧
- 親友少或親友居住過遠

3.機會：

- 外食族增多
- 聊天族增多
- 鄰近居民住戶或上班族多
- 善用E化環境之廣宣效果，可能吸引年輕族群光臨
- 餐廳所在地點鄰近辦公大樓與住宅大樓。

4.威脅：

- 附近走路5分鐘內有4家早午餐店、義大利餐廳2家、日式餐廳3家、中式便當餐飲店15家、飲料店家7家，將造成業績的強烈競爭與衝擊。
- 同業削價競爭嚴重，而且許多便當店及飲料店都有外送服務。
- 有限租金可能租到的店面空間窄小或店面在巷內或店前人車流量較小，業務推展受限。

(二)尋找適合地點並決定主要營業項目—短期

1.需有人潮、最好鄰近捷運站、學校、車站、社區或郵局銀行。

2.在有限預算下，挑選可能的營運模式與方向：考量預算有限，所以放棄耗費加盟金的加盟方式，並選擇位處鬧區的小坪數店面。

3.避開自己不善經營的營業項目以及鄰近地區已經壟斷或過度競爭的營業項目。

(1)自己善於經營的營業項目：考量廚房空間狹小，僅有三坪，因此商品單純化與快速化，並以自己最熟悉及在行的中餐料理為主軸。

(2)鄰近地區已經壟斷或過度競爭的營業項目：早餐、中式麵食、水餃、滷味、火鍋、臭豆腐、拉麵、中式便當、炸雞、飲料、麵包店、水果店、豆花店、冰品店。

(3)歸納分析後，挑選以下項目為營業主軸：

a.粥。

b.麵疙瘩。

c.咖哩飯。

(4)積極參與相關烹飪食材課程並通過相關實務訓練。

(三)創業基金調度與財務管理

(1)借貸周轉 150 萬，從事裝潢、設備挑選、食材購買、廣告招牌費用、員工薪資等各項費用，以免家庭經濟陷入困境。

(2)每日結帳及資金回存，以利還款及減少弊端。

(四)人事管理及營運管理企劃

(1)預備招募員工人數包含正職員工 1 員、工讀生 1 員，預計透過親友介紹後進行面試。

(2)擬定計畫與逐步落實：研議裝潢、設備採購、食材購買、廣告招牌、公司商號名稱挑選與申請，商品製作及送餐流程討論。

(五)挑選正式開賣日期及相關配套措施

(1)預計開賣日期：6/1

(2)開賣前一周完成員工服裝製作與禮儀訓練。

(3)開賣前一周完成結帳流程訓練。

(4)開賣當天進行優惠活動與開幕宣傳。

(六)中長期計畫

(1)定期檢討及改善現況並考慮增設分店

(2)增加新商品、刪減既有銷售不佳商品

(3)自創新商品或新服務

(4)與客戶及同事分享成功經驗

(5)擴展外國客戶及國外訂單

(6)落實公司整體財報及預算管理制度

(7)增加內部控制與稽核制度

(8)定期舉辦活動與課程

奮鬥努力的過程，

記得要先將自己的心理建設好！

將心中的煩惱障礙洗滌清淨！

目標明確後，就勇敢地起飛吧！

擇日就能大展鴻圖！

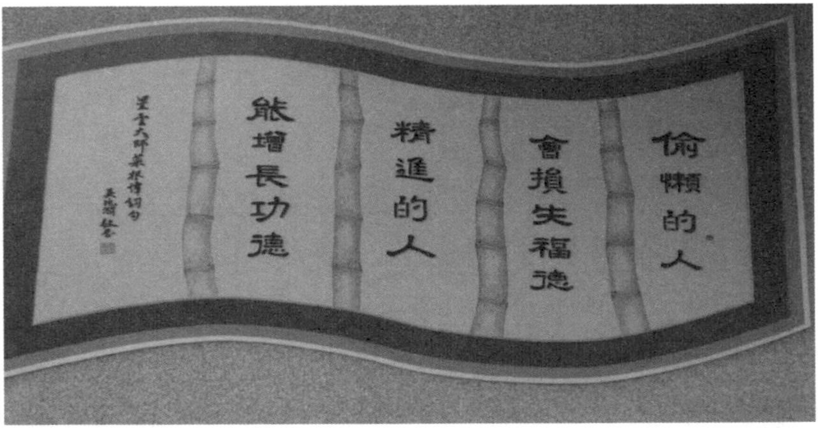

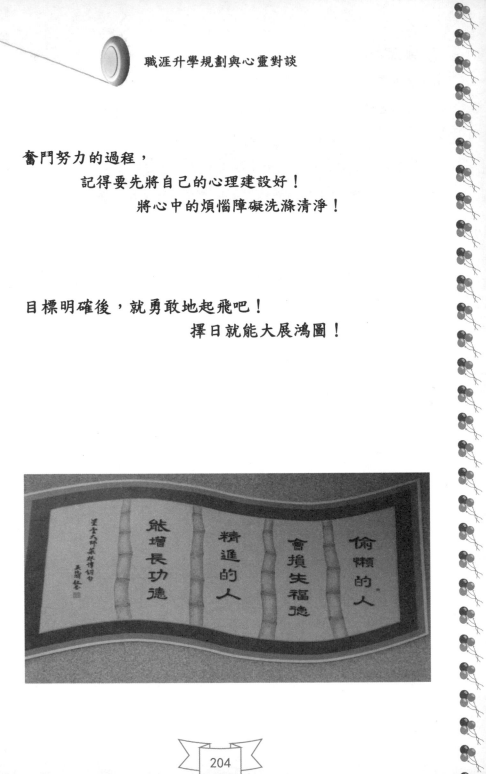

參考資料與文獻

1. 十二年國民基本教育資訊網站資訊，http：//12basic.edu.tw
2. 林仁和，生涯規劃與發展：掌握生活與就業優勢，心理出版社，2013 年 4 月
3. 原著作者：Kathryn D. Cramer, PhD, 如何重建人生—驚變與挫折之後，時報出版，1994 年 3 月
4. 原著作者：William J. Reilly, PhD, 追求圓滿的人生，圓神出版社，1992 年 6 月
5. 勞動部網站關於職業災害費率與職業分類資料
6. 行政院主計總處歷年行業別薪資調查數據
7. 保險公司網站關於職業等級與職業分類資料
8. 高中高職五專多元入學升學資訊網站資訊，http://web.wfsh.tp.edu.tw/bteam/entrance_h/
9. 技訊網，https://techexpo.moe.edu.tw/search/
10. 台灣就業通，https://exam1.taiwanjobs.gov.tw/interest/
11. 台灣創價學會網站 http://www.twsgi.org.tw/，創價電子新聞每週箴言
12. 教育部，技職全攻略，2017 年 9 月
13. 教育部技職司資訊傳播網站資訊，https://depart.moe.edu.tw/ED2300/

14. 教育部高等教育司資訊傳播網，
https://depart.moe.edu.tw/ED2200/
15. 教育部大專院校一覽表，
https://ulist.moe.gov.tw/Query/SimpleQuery
16. 國家教育研究院愛學網，http：//stv.moe.edu.tw
17. 國中畢業生適性入學宣導網，http://adapt.k12ea.gov.tw/
18. 學生科系選擇與自我探索，
http://career.cpshs.hcc.edu.tw/bin/home.php
19. 佛陀紀念館偈語文字、佛光菜根譚、證嚴法師靜思語、聖嚴法師自在語、六祖壇經、維摩詰經、聖經等。
20. 大學、論語與孫子兵法等相關經典。
21. 其它：職業選擇圖畫書籍、教育部及大專院校網站介紹資料、職涯規劃相關電視節目。

機會是留給準備好的人

而我當全力以赴，做好準備面對未來的挑戰

你的未來，取決於你現在的規劃與付出。

機會只留給有準備的人！

要怎麼收穫，先怎麼栽！

生命不是現在，又是何時？

人生不論何時都是一場奮鬥。

目標、理想愈高，困難之山也就愈險峻。

也會有失意、灰心喪志的時候。

但是，年輕生命中蘊藏著無限蘇生的力量。

（摘錄自創價學會網站）

國家圖書館出版品預行編目(CIP)資料

職涯升學規劃與心靈對談／賀冠群、廖勇誠、小林鈺著

初版. － 臺中市：鑫富樂文教, 2018.09

ISBN 978-986-93065-6-0(平裝)

1.職業輔導

542.75 107012261

職涯升學規劃與心靈對談

作者：賀冠群、廖勇誠、小林鈺

編輯：鑫富樂文教事業有限公司編輯部

美術設計：田小蓉、林大田

發行人：林淑鈺

出版發行：鑫富樂文教事業有限公司
地址：402台中市南區南陽街77號1樓
電話：(04)2260-9293　傳真：(04)2260-7762

總經銷：紅螞蟻圖書有限公司
地址：114台北市內湖區舊宗路二段121巷19號
電話：(02)2795-3656　傳真：(02)2795-4100

2018年9月1日 初版一刷

定 價◎新台幣325元

ISBN 978-986-93065-6-0